지하드 심장부에서 밝혀낸
이슬람국가의 실체

IS 리포트

사뮈엘 로랑 지음 | 은정 펠스너 옮김

한울

이 도서의 국립중앙도서관 출판예정도서목록(CIP)은 서지정보유통지원시스템 홈페이지(http://seoji.nl.go.kr)와 국가자료공동목록시스템(http://www.nl.go.kr/kolisnet)에서 이용하실 수 있습니다. (CIP제어번호: CIP2015016251)

L'État islamique

SAMUEL LAURENT

나의 어머니 안-마리 Anne-Marie

그리고 나의 동반자 마린 Marine 에게

머리말

　2010년 6월, 이라크에 주둔 중이던 레이 오디에어노Ray Odierno 미국 육군 참모총장은 이슬람국가Islamic State (이하 IS)에 대한 승전보를 발표했다. "IS 지도자 중 80% 이상이 이미 죽었거나 체포되었고, 나머지 지도자들도 고전을 면치 못하고 있다!"[1] 오디에어노는 지난 7년간 이라크에서 치른 전쟁으로 이 무장 세력이 거의 소멸 직전에 이르렀다고 보고했지만, 사실상 이렇게 되기까지 미국 정부는 군인 17만 명을 투입하고도 모자라 19억 달러[2]를 쏟아부어야만 했다. 이제 전쟁은 끝난 것일까? 안타깝게도 그렇지 않다.

　미국이 승전보를 발표하고 4년 뒤, IS 지도자들이 영국보다 더 넓은 땅덩어리를 시리아와 이라크에 걸쳐 지배하고 있다는 사실이 세상에 알려졌다. 현재 시리아와 이라크는 사실상 국가로서의 기능을 더 이상 수행하지 못하는 상태다. 시리아와 이라크 주요 지역을 점령한 IS 지도자들은 자신들의 조직을 '이슬람국가'로 부르고 있다. 로랑 파비위스 Laurent Fabius 프랑스 외무부 장관은 IS의 아랍어 명칭 머리글자를 따, 그들을 '다에시Daesh'라고 부르며 일개 '학살자' 취급을 하고 있다(다에시Daesh가 '짓밟힌 자, 약자'를 뜻하는 아랍어 다에스daes와 유사하기 때문이다 – 옮긴이). 그렇다고 IS의 존재를 인정하지 않을 수는 없다. IS는 단순히 말리Mali의 소규모 갱gang이나 중앙아프리카공화국의 강도 정도로 치부할 조직이 아니다.

 2014년 6월 29일, 이날 IS는 스스로를 칼리프 국가caliphate[무함마드 Muhammad의 후계자인 칼리프caliph(이슬람 공동체의 정치적·종교적 지도자)에 의해 통치되는 정교일치 국가 ─ 옮긴이]라고 주장하며 국가 설립을 선포했지만, 실은 피에 잔뜩 굶주린 새로운 괴물이 탄생한 것이라고 말할 수 있다. 이 조직은 자신들의 모체인 시리아와 이라크를 아주 잔혹하게 짓밟은 괴물이다. 그런데 놀라운 사실은 이 괴물이 시리아와 이라크를 단순히 점령만 한 것이 아니라, 이미 이 두 지역에 치밀한 조직구조를 만들어놓았다는 것이다. 프랑스 정부는 IS가 불러일으키는 공포감을 최소화할 만한 적당한 표현을 찾고 있지만, 어떤 명칭을 붙이든 서구가 하나의 국가, 다시 말해 거의 국가적인 요소를 갖춘 조직을 상대로 전쟁을 하고 있다는 사실에는 변함이 없다.

 IS 군사령관들이 펼치는 전략은 대단히 기발하고 치밀할 뿐 아니라 대담하기까지 해서 종종 서구 군사학교의 학습 모델로 거론되기도 한다. 거의 완벽한 조직체인 IS 군대는 문자 그대로 잘 정비되어 있어서 서구의 공습을 막아내기에 충분하다. IS 군대는 임무에 따라 포병대, 저격부대, 보병대, 기갑부대, 특수부대, 공습부대, 국경 수비대 등으로 각각 세분화되어 있다. 이 부대들은 전 지역에 고루 분산되어 있으며 아주 치밀하게 은폐되어 있다. 게다가 무기 제조 공장은 물론, 상당한 전투 경험과 순교할 각오로 무장한 병사들로 넘쳐난다.

IS의 최우선 관심사는 '전쟁'이지만 전쟁이 그들의 전부는 아니다. IS는 석유산업을 기반으로 풍부한 재정을 확보하고 있으며, 이 외에도 여러 형태의 수입원을 가지고 있어 금고가 늘 가득 채워진 상태다. IS에는 부패도, 불필요한 소비나 낭비도 없다. IS가 더욱 두려움의 대상으로 느껴지는 것은 무엇보다 그들의 재무관리가 상당히 모범적으로 실행된다는 사실 때문이다. IS 군대는 비교적 효율적으로 운영되고 있으며 매일 수십 명의 젊은 자원병을 받아들이고 있다. 또 IS 점령 지역 내 거주민들은 IS 구성원으로서 충분한 혜택을 누리고 있다. 그들은 경제적 약자를 위한 특별 보조금은 물론, 각종 보조금을 제때 지급받고 있으며 무상 교육 혜택과 함께 기본적이긴 하지만 무상 의료 혜택까지 누리고 있다. 이렇게 빠른 속도로 IS 조직이 갖춰졌다는 사실은 놀랍다 못해 공포심까지 불러일으킨다.

또한 IS의 행정조직은 모든 면에서 거의 완벽하게 이상적으로 작동되고 있다. IS의 고위 간부들은 자신들의 권력이 테러에만 의거한 것이 아니라 주민들의 인심을 얻을 수 있는 행정제도에도 의거한다는 것을 잘 알기 때문에 하부 행정관들에 대한 통제도 게을리하지 않는다. 행정관의 임무는 매우 구체적으로 명시되어 있으며 그에 따른 권력의 한계도 명확하게 제시되어 있다. 또한 IS 내 상급재판소 재판관들은 이라크 사막 어느 변두리 마을에 있는 이슬람 경찰의 잠재적 횡포에 대해서도 서구의 침략만큼이나 경각심을 갖고 주시한다. IS 사령관에게 내부 질서를 유지하는 일은 새로운 지역을 정복하거나 적의 기지를 전멸시키는 것만큼이나 중요한 일이다.

IS 행정조직이 거주민의 인심과 신뢰를 얻을 수 있는 행정적 문제에 집중한다면, 테러는 암니Amni(IS 정보부 비밀 조직 또는 비밀경찰 - 옮긴이)의 몫이다. 이 비밀 조직은 정보와 안전에 관해 최고 권력을 갖고 있으며 오직 IS 최고 권력자들의 명령에만 복종한다. 첩보 활동이나 군사 기밀, 그리고 납치와 살인을 일삼는 이 비밀 조직은 아부 바크르 알바그다디Abu Bakr al-Baghdadi(현 IS의 칼리프 - 옮긴이)의 측근들에게서 직접 명령을 받는다. 외부에는 거의 알려지지 않았지만 암니는 IS에서 핵심적인 역할을 하는 존재이다.

IS의 통치 기관들은 거의 완벽에 가까울 정도로 각자의 역할을 잘 수행하고 있다. 군대, 경찰, 재정, 의료, 교육, 사법, 지방단체, 정보기관, 그리고 외국에서 펼치는 선전전宣傳戰, 전자전電子戰, 테러 작전까지 ……. 자, 이것이 바로 우리가 이 책에서 살펴보게 될 어마어마한 전쟁 기계 같은 IS의 실체다. 아마도 프랑수아 올랑드François Hollande 프랑스 대통령은 IS의 실제 영향력과 위험성을 모른 채 전쟁을 선포한 듯하다.

미디어는 끊임없이 IS에 주목하고 있지만 실제로 우리가 가진 정보에는 한계가 있다. 콧대 높은 정치학자들은 돌아가는 정세에 뒤처지지 않기 위해 계속해서 똑같은 정보만을 포장해 내놓고 있으며, 설상가상으로 IS의 서방 인질 참수까지 계속되자 가장 용감하게 활동하던 기자들까지 (당연히!) 위축되고 있다. 그렇다면 시리아와 이라크에서 급속하게 세력을 확장하고 있는 이 잔인하고 편집광적인 조직의 비밀을 어떻게 입수할 수 있을까?

이 책은 시리아 알카에다Al-Qaeda에서 활동하는 여러 고위 간부들에게서 얻은 각종 기밀 정보에 의거해 저술되었다. 또한 이 책의 인터뷰들은 국제동맹군이 IS를 공습하기 전인 2014년 9월에 이루어졌다. 당시 알카에다와 IS는 진정한 '적대 관계'였으며 마치 오랫동안 한 이불을 덮다가 죽음을 무릅쓴 투쟁 관계로 돌아선 형국이었다. 중요한 정보를 제공해준 아부 마리아Abu Maria와 아부 하피즈Abu Hafz는 나와 오랜 친구 사이로, 시리아 북서부 라타키아Latakia 지역의 여러 전략 요충지에서 활동했던 IS 사령관들이다. 이들은 내가 이 비밀에 싸인 조직을 이해하는 데 필수 불가결한 고급 정보들을 알려주었다.

사실 그들이 제공한 것은 단순한 정보 그 이상이었다. 그들은 IS의 핵심 인물이었던 아부 무스타파Abu Mustapha라는 사람을 만나게 해주었는데, 무스타파는 내가 인터뷰하기 불과 몇 개월 전에 알카에다에 합류하기 위해 IS에서 탈주한 고위 간부였다. 바샤르 알아사드Bashar al-Assad의 시리아 감옥에서 오랫동안 고문을 받은 이 예사롭지 않은 인물은, 시리아 IS 지역의 사령관인 하지 바카르Haji Bakar의 측근이기도 했다. 하지 바카르는 아부 바크르 알바그다디의 '개인적인 친구'였으나 친분 관계에도 불구하고 2014년 초 알바그다디에 의해 처형당했다.

한때 IS 내에서 높은 지위에 오르기도 했던 아부 무스타파는 우리를 만났을 당시에는 시리아 북서부 이들리브Idlib 지역에 정착한 상태였다. 그는 IS의 비밀스러운 내적 구조, 즉 세부 통치 구조의 역할과 재정에 대해 낱낱이 폭로했다. IS의 재정 문제는 여러 가지 면에서 중요하게 생각해야 될 사항이다. IS가 매년 전쟁 비용으로 소비하는 수백만 달러에 달하는 자금 조달 통로를 끊지 못한다면, 서구는 아무 생각 없이 시작한 이 전쟁에서 결코 이길 수 없을 것이기 때문이다. 인터뷰를 진행하면서 우리는 알바그다디에 대해서도 의견을 나누었다. 그리고 이 베일에 싸인 인물이 서구와 자신 모두에게 치명적으로 해로울 수 있는, 차마 말하기 끔찍한 비밀을 간직하고 있다는 것을 알게 되었다.

또 나는 IS가 유럽의 지하디스트 Jihadist(이슬람 성전주의자 — 옮긴이)들을 놀라게 할 만한 비밀도 가지고 있다는 것을 알아냈다. 인터뷰가 진행될 동안 알카에다 사령관들이 내게 폭로한 '비밀 지령'이 바로 그것이다. 이 정보들은 서구의 청년 지원자들이 IS에 합류하는 현상에 대해 일침을 가할 만큼 아주 중요하고 결정적인 내용들을 담고 있다.

이 책은 아직도 베일에 싸여 있는 IS를 파헤친 결과다. 서구의 지도자들은 이 조직이 어느 정도의 세력과 신념을 갖고 있는지, 또 전 세계 시민에게 얼마나 위협적인 존재인지 상상도 못할 것이다.

차례

머리말 6

1장

샤리아가 세계를
통치하리라

현대판 칼리프 국가의 추종자들

안젬 초우다리Anjem Choudary는 런던 변두리 지역에 있는 한 카페에서 조급함과 식탐이 어린 눈빛으로 코코넛 아이스크림을 응시했다. 55세의 이 남성은 살라피즘Salafism(초기 이슬람으로의 회귀를 주장하는 급진적인 이슬람 근본주의 - 옮긴이) 영국 지부의 상징적인 인물로서, 법망을 교묘히 빠져나가는 특별한 재능을 가지고 있었다. 안젬은 IS의 모든 유럽 지부에 대해 훤히 꿰뚫고 있었다. 1년 넘게 IS와 그 조직의 칼리프인 아부 바크르 알바그다디를 위해 활동하고 있는 그는, 유럽의 무슬림들에게 시리아와 이라크에 합류할 것을 선동하는 역할을 하고 있다. 그러나 그는 절대 직접적이거나 공개적인 방법은 사용하지 않는다. 안젬은 법의 감시망에도 걸리지 않았으며 2014년 9월 초에 잠시 구금되어 조사를 받았을 때에도 혐의 없이 풀려났다.

전직 변호사인 안젬은 법을 손바닥 보듯 훤히 꿰뚫고 있어서, 자유자재로 법을 이용했다. 그는 지하드jihad(보통 거룩한 전쟁을 의미한다 - 옮긴이)와 초기 이슬람으로의 회귀를 주장하는 이슬람 근본주의에 대해 공개적으로 충성을 맹세한 바 있으며, 자신의 트위터에 정기적으로 "샤리아Shari'ah(이슬람교의 율법이며 규범 체계 - 옮긴이)가 세계를 통치하게 될 것이다"라고 확신에 찬 글을 올린다. 영국의 젊은 무슬림들과 프랑스, 벨기에, 독일, 네덜란드의 무슬림들은 섬세하면서도 열정적인 그의 설교를 듣기 위해 매번 수백 명씩 모여들고 있다. 이 젊은이들은 유럽 내에서 상당히 주목받는 살라피즘의 교리를 배우기 위해 모여드는 것이다. 안쳄에게 새로운 칼리프 국가(IS)가 선포된 것은 "최고의 소식이자 지구의 모든 무슬림을 위해 1세기 만에 일어난 가장 중요한 사건!"이다.

필자　최고의 소식이요? 영국 정부는 다르게 생각하는 것 같은데요!

　나는 별로 놀라지 않은 척하며 대답했다.

안쳄　IS가 사람들에게 공포심을 불러일으키는 건 사실이죠. 특히 민주주의를 제1원칙으로 삼는 당신 같은 서구인들이나 중동의 부패한 정권들에게는 확실히 더 위협적으로 느껴질 겁니다.
필자　어떤 이들은 심지어 괴물이라고도 하던데요. 그것도 아주 야만적인 괴물 말이죠.

　그는 엷은 미소를 띠며 부정하는 의미로 고개를 젓더니 아이스크림을 한입 떠먹고는 장난기 가득한 눈빛으로 나를 흘끗 보았다.

안쳄　사뮈엘, 당신까지 그런 선전전에 놀아나는 거예요? 당신만은 그러면 안 되죠! 당신도 알다시피 전쟁이 원래 잔인함과 폭력을 동반하잖아요. 그런데 서구 언론은 무슨 특종이나 되는 것처럼 끔찍한 이미지를 계속해서 보여주고 있어요! 마을 사람들을 학살하고, 포로의 목을 베고, 고문하고······. 당신들도 이런 일을 똑같이 저질렀잖아요! 소련은 아프가니스탄을 침공했고 미국은 베트남을, 프랑스는 알제리를 침공했어요. 미국이 이라크에 투하한 폭탄 때문에 민간인 수십만 명이 사망한 것은 말할 것도 없고요. 네, 맞습니다. IS도 수천 명을 살상했어요. 하지만 바샤르 알아사드 군대(IS와 싸우는 시리아 정부군 ─ 옮긴이)도 지난 3년간 20만 명이나 죽였다고요! 그런데 IS의 행위 말고 누가 이런 일에 신경이나 쓰나요? 아무도 신경을 안 쓰잖아요!

필자 그러니까 알아사드 군대도 살인했으니 알바그다디의 행동도 정당화된다. 이런 뜻인가요?

안젬 서구 국가들은 우리가 그들 국민을 죽였기 때문에 어쩔 수 없이 IS와 전쟁을 치르는 거라고 말하죠. 하지만 사실은 그 반대예요. 서구는 피해자들을 핑계로 새로운 폭력을 정당화하는 거라고요. IS가 다른 전쟁보다, 그리고 다른 군대보다 더 많은 사상자를 내는 건 결코 아닙니다.

필자 하지만 IS는 살상 행위에 대해 자부심을 느끼고 있지 않습니까? 제임스 폴리James Foley나 스티븐 소트로프Steven Sotloff가 참수당한 사건은 어떻게 설명할 건가요? 또 알제리에서 인질로 잡혔다가 살해당한 에르베 구르델Hervé Gourdel은요?

안젬 IS는 코란Koran에 적힌 내용에 글자 그대로 따를 뿐입니다. 코란에 이렇게 나와 있어요. "전쟁 초에는 포로도 인질도 잡아들이지 마라.

적들이 항복할 때까지 그들을 공포에 떨게 하라"라고요. 전쟁은 이제 막 시작되었을 뿐입니다. 지금 시기에는 공포를 주는 것만이 중요하죠. 절대 타협이란 없습니다.

안젬은 언급한 구절을 영어로 설명하기 위해 스마트폰을 이리저리 뒤졌다.

필자 그러니까 당신 말은, IS가 앞으로 서구 국가에 더 위협적인 존재가 될 거라는 겁니까?

안젬 그럼요. 바로 IS가 이슬람의 부흥을 구현하기 때문이지요! 지난 90년 동안 샤리아는 전혀 지켜지지 않았어요! 샤리아를 따른다고 주장하는 사우디아라비아도 이슬람 율법대로 보면 가장 타락한 국가 중 하나에 속합니다! 우리는 새로운 칼리프 국가 덕분에 이제야 강력한 법에 따라 살게 된 겁니다. 즉, 알바그다디는 세계 각지의 무슬림들에게 단 하나밖에 없는 최고의 권위를 대표하는 존재라고 할 수 있지요.

필자 하지만 알바그다디의 권위가 타당한 합의를 거친 결과라고는 할 수 없지 않나요?

안젬 대다수 무슬림이 당연한 것처럼 신의 말씀을 망각하고 살고 있어요! 서구에서의 삶이 그들을 타락시키고 난잡하게 만든 겁니다. 그들은 민주주의나 인권 따위의 말도 안 되는 이상한 소리와 거짓말에 세뇌된 것이라고요. 그 사람들은 이슬람 원칙이 무엇인지 잊어버린 겁니다. 최고의 신에게 복종하는 것과 샤리아에 따라 생활하는 것 말이에요! 하지만 이제 시계추가 반대 방향으로 움직이기 시작했어요. 수많은 유럽인이 히즈라Hijra에 헌신할 것을 결심하고 있고 그 수도 점점 늘어나고 있으니까요.

필자 히즈라요?

안젬 이슬람 땅으로 돌아가는 것을 의미합니다. 혼자든 가족과 함께든 남녀를 불문하고 많은 사람들이 새로운 칼리프 국가에 정착하려고 떠나고 있어요. 어마어마한 수의 사람들이요! 저는 날마다 유럽 전역에서 전송되는 메시지를 수십 개씩 받아요. 유럽을 떠나려는 무슬림들과 어떤 경로를 택해야 할지 문의하는 무슬림들에게서요. 그 누구도 이런 현상을 막지 못할 겁니다! 물론 유럽에 남아 칼리프에 충성을 맹세한 무슬림들도 있지요.

필자 그들은 어떻게 충성을 맹세하죠?

안젬 서구에 남아 충성하는 행위를 베야Beya라고 부르는데, 서명해야 할 서류 따위는 없어요. 이라크 북부에 있는 모술Mosul에 가서 알바그다디와 악수할 필요는 더더욱 없고요. 충성을 맹세하는 데 증인이 필요한 것도 아닙니다. 오로지 신앙인 본인에게만 해당되는 결정이에요. IS와 전쟁 중인 서구 국가에 거주하는 대다수 무슬림들이 그런 결정을 내렸다고 티를 내지는 않지만, 적지 않은 무슬림이 공개적으로 맹세하기도 해요. 맹세가 의미하는 모든 행위에 대해서도요.

필자 또 다른 의미도 있나요?

안젬 타지에서 충성을 맹세한 무슬림들은 칼리프 국가의 진정한 외교관으로 인정받습니다. 언제든지 지도자의 명령을 수행할 각오가 되어 있다는 뜻이지요. 예를 하나 들어볼까요. 볼테르Voltaire가 쓴 희곡이 1914년에 연극으로 공연될 뻔한 적이 있는데, 이슬람교 창시자 무함마드에 대해 굉장히 무례한 내용을 담은 연극이었어요. 이 연극은 프랑스와 영국의 몇몇 극장에서만 공연될 예정이었는데, 당시 오스만투르크 제국의 마지막 칼리프가 그 사실을 알고 즉시 공연 취소를 요구했죠. 프랑스는 반발하지 않고 요구를 받아들인 반면, 영국은 주저했어요. '표현의 자유'라는 원칙을 구실로 삼아서요. 영국이 완강하게 저항하자 결국 칼리프는 영국을 협박했습니다. 만약 그 연극이 단 한 번이라도 공연되면 인도 반도에 있는 모든 무슬림에게 지하드를 명령할 것이라고요.

필자 런던은 어떻게 반응했나요?

안젬 그 작품은 흔적도 없이 즉각 사라졌어요! 칼리프의 협박이 장난이 아니라는 걸 깨달았기 때문이죠. 칼리프는 이슬람 세계의 최고 권력자예요. 모든 무슬림을 한 개인처럼 일사분란하게 움직일 수 있는 사람은 아마 칼리프뿐일 겁니다.

필자 그럼 당신은 알바그다디도 지하드를 선언할 수 있다고 생각하세요? 예를 들면 유럽 내에서도요?

안젬 당연하죠. 서구의 공습이 무슬림들에게 반격할 수 있는 구실을 만들어주기도 하고요.

필자 테러리즘을 통해서요?

안젬은 당황한 기색을 숨기며 한숨을 내쉬었다.

안젬 당신들이 투하한 폭탄이 터지면 그것은 전쟁이고, 다른 사람들이 폭탄을 터뜨리면 테러리즘이라고 부르는군요 …….

필자 테러리즘이 정당한 행위라는 건가요?

안젬 물론입니다! 당신들이 우리한테 가하는 공습은 상상 이상으로 위협적이에요. 당신들은 이번에 아주 질긴 적수를 만난 겁니다. 나는 당신이 무엇을 발견하든 전혀 상관하지 않을 거고 IS 내부의 어떤 사람도 소개해주지 않을 겁니다. 당신 스스로 방법을 찾아야 할 거예요. 내가 말해줄 수 있는 건, 이 조직을 절대 과소평가하지 말라는 겁니다! 나는 교묘하게 연출된 대량 학살이나 인질 처형을 이야기하는 것이 아니에요. 당신들은 IS가 믿을 수 없을 정도로 고도화되어 있다는 사실부터 걱정해야 할 거예요. 꼭대기부터 저 아래까지요. 적군을 수백 명씩 사살할 준비가 되어 있는 군인들은 전 세계 어디에나 있지만 IS는 단지 그런 군인들만 있는 게 아니에요. CIA 같은 비밀스러운 조직은 물론, 다국적 기업체처럼 운영되고 있고 전혀 걱정할 필요가 없을 만큼 넉넉한 재정까지 겸비하고 있어요. IS는 분명 당신들이 크게 우려할 만한 조직일 겁니다.

우리는 만남의 장소인 델리스 카페에서 한 시간 동안 이야기를 나누었다. 그 카페는 런던 북쪽 변두리에 있는 월섬스토Walthamstow 지역에 위치해 있다. 다른 살라피스트Salafist(이슬람 근본주의자 – 옮긴이)들이 우리와 다정하게 악수를 나눈 뒤, 우리 앞에 있는 소파에 자리를 잡고 앉았다. 이슬람 급진파들 중 영국인들은 눈에 잘 띄지 않았다. 그들은 특별히 더 조심스럽게 움직이기 때문이다.

필자 많은 사람들이 이슬람의 관점에서 보면 IS가 전혀 정당성을 갖지 못한다고 생각해요. 특히 알카에다에 속한 무슬림들은요. 이것에 대해 어떻게 생각하십니까?

안젬 이 문제를 개인 간 경쟁으로 가정하면 그렇겠지요. 아이만 알자와히리Ayman al-Zawahiri(오사마 빈라덴Osama bin Laden을 뒤이은 알카에다의 2인자 – 옮긴이)는 지도자 자리를 빼앗기지 않으려고 애를 쓰고 있지만, 알카에다는 점점 IS에 포섭되고 있어요. 어쨌든 제가 바라는 것은 ……

안젬 초우다리는 말을 멈추고 손짓으로 결론을 내렸다.

필자 하지만 곳곳에서 비난의 소리가 들리고 있잖아요. 살라피즘의 몇몇 핵심 인물들[3]은 "잘못을 공개적으로 사과하고 실수를 꼼꼼히 검토하라"고 말하면서 칼리프한테 뒤로 물러나라고 권고하기도 하고요.

안젬 이슬람 율법대로라면 칼리프 국가를 세울 때는 아주 구체적인 원칙들을 따라야 합니다. 그에 대한 다른 어떤 해석도 불가능해요. 그리고 어느 순간이 되면 이 새로운 국가는 모든 원칙을 충족시키는 상태에 이르게 될 거예요.

필자 어떤 원칙들을 말하는 거죠?

안젬 칼리프 국가는 거주민들의 생활을 보장해야 할 의무가 있어요. 먹고 자고 입는 데 필요한 모든 것을 주민에게 공급해야 한다는 뜻입니다. IS에 정착한 우리 형제들에게 들은 바로는, 새로운 정착민들도 전쟁 참가 여부와 상관없이 봉급을 받는다고 해요. 집도 제공되고 식료품도 전혀 부족하지 않대요. 즉, 첫 번째 조건은 충족된 셈이죠.

안젬은 커피를 주문하면서 잠시 카페 주인과 담소를 나누었다. 안젬은 정착민에게 '제공되는' 집이 사실 시아파에 속했던 사람들의 집이었다는 사실을 밝히지 않았다. 시리아의 군인이었거나 그저 온건한 무슬림이었던 시아파 사람들은 수니파인 IS에 처형되기 전에 재산을 모두 압수당했다.

안젬 칼리프 국가는 국경 지역의 안전도 보장해야 합니다.

필자 그 원칙들이 제대로 지켜지고 있나요?

안젬 그럼요. 우리가 알무라비툰Al-Mourabitoun이라고 부르는 군인들이 국경 지역을 늘 감시하고 있어요. 여차하면 민간인들에게 적의 침략을 알리기 위해서지요. 즉, 알바그다디의 용사들이 이슬람 원칙을 충실히 이행하고 있다고 볼 수 있어요. IS는 아주 정확한 원칙들에 기반을 두고 조직된 거예요. 창시자 무함마드 시대의 조직과 아주 동일하다고 볼 수 있어요. 이런 사실도 그 지역에 거주하는 유럽인들이 직접 확인했고요.

나는 이 '조직'에 대해 더 알고 싶었지만 곧 침묵의 벽에 부딪히고 말았다. 점점 더 구체적인 정보를 요구할수록, 그리고 질문이 더욱 민감해질수록 안젬 초우다리는 답변을 교묘히 피해갔다. 더 많은 정보를 얻으려면 그 지역에 직접 가는 수밖에 없을 것 같았다. 안젬은 칼리프 국가 추종자들에게 떠벌리듯이 내게 아주 미약한 수준의 프로파간다만을 전해준 것으로 만족해했다. 그는 이교도에게 제공한 정보 하나하나가 눈 깜짝할 사이 자신들을 불리하게 만들 수 있다는 것을 알고 있었기 때문이다. 안젬은 유럽에 있는 자신의 모든 제자들에게 IS의 프로파간다를 계속 반복해서 주입시키고 있다. 그리고 쉽게 세뇌당한 유럽의 청년들은 안젬의 강력한 주장이 마치 신성한 진리라도 되는 것처럼 여긴다. 그들은 누가 자신들을 강하게 설득해주기만을 기다리고 있는 것이다.

안젬의 제자들이 브뤼셀이나 파리, 그리고 마르세유나 암스테르담에서 계속 반복해서 연설하자, IS에 합류하려는 지원자들의 수가 멈추지 않고 계속 늘고 있다. 이 문제를 책임지고 있는 정치가들이 점점 더 강력한 조치를 취하고 있는데도 말이다.

안젬 이슬람 율법대로라면 군대에 또 한 가지 조건이 충족되어야 합니다. (안젬은 들뜬 목소리로 말을 이었다.) 우리가 프랑스나 영국 같은 나라가 아니라는 점을 분명히 해야 해요. (그가 입을 삐죽이며 웃었다.) 이슬람에서는 국방부라는 것이 없어요. 전쟁부만 있을 뿐이죠! 창시자 무함마드 이후 3대 이맘imam(이맘은 여러 가지 뜻을 내포하는데 보통은 지도자를 칭하지만 이슬람 사원에서 예배를 인도하는 사람을 가리키기도 한다 ─ 옮긴이)인 샤피Shafi'i가 쓴 글을 보면, 살라피스트들은 1년에 한 번 이상 지하드를 선포하지 않는 칼리프 국가를 불구로 취급해야 한다고 적혀 있어요! 알바그다디의 IS가 군사 문제에 관해 이런 원칙을 아주 잘 지키고 있다는 건 당신한테 말하지 않아도 알겠군요!

필자 그런데 알바그다디 말입니다. 어떤 사람들은 그의 정통성에 대해 이의를 제기하면서 그가 칼리프라는 걸 비웃는다고 하던데요.

안젬 음……. 그 사람들은 완전히 착각하고 있는 거예요. 그 자리에 오르기 위해서는 여섯 가지 조건이 필요해요.

필자 그 여섯 가지 조건이란 무엇인가요?

안젬 일단 남자여야 하고 무슬림, 성인, 자유인(이슬람 율법에 명시된 노예가 아닌 사람)이면서 사람들에게 신뢰감을 줄 수 있어야 하고, 마지막으로 온전한 정신의 소유자여야 해요. 알바그다디는 이 테스트를 완벽하게 통과한 사람이지요. 어떤 울라마ulama[4]들은 추가 조건을 덧붙이기도 하는데 그 조건들은 권장 사항이지 의무 사항은 아니에요. 추가 조건들에는 칼리프가 무함마드의 부족인 쿠라이시Quraysh에 속해야 하고 샤리아를 충분히 알고 있으면서, 전쟁에서 용맹성을 증명해야 해요. 아부 바크르 알바그다디는 창시자 무함마드 부족에 속합니다. 그리고 이슬람법 박사 학위를 가지고 있어요. 또 2003년부터 이라크에서 '신실하지 못한 이교도들'과 전쟁을 벌이고 있지요. 이 사람은 정말로 칼리프가 되기 위한 조건을 넘치도록 가지고 있는 셈이에요!

필자 알바그다디는 어떻게 칼리프로 선출되었나요?

안젬 현자들과 그 지역 지도자들이 알바그다디에게 칼리프 국가에 충성하겠느냐고 제안했고, 그는 그것을 받아들였을 뿐이에요. 알바그다디는 모술에서 처음 연설할 당시에 자신의 임무를 '과중한 짐'에 비유했어요. 어찌되었든 가벼운 임무는 아니지요! 서구의 대통령들이나 장관들은 결과에 상관없이 아주 심각한 실수를 범하기도 하지만, 알바그다디는 적들에게 둘러싸여 전쟁을 치르는 한 나라를 책임지고 있는 거예요. 게다가 그 적들은 그냥 격퇴해야 될 존재가 아니라 이슬람화시켜야 할 존재들이죠.

필자 왜 그렇게 해야 하나요?

안젬 샤리아를 좀 더 넓은 지역에 퍼뜨리기 위해서예요. 칼리프 국가가 아랍어로 '끊임없이 확장되는 영토'를 뜻한다는 사실을 잊어서는 안 됩니다. 강대국들은 IS를 파괴하려 애쓰지만 정작 IS는 별로 신경 쓰지 않아요. 모든 이교도를 정복하는 것이 신의 뜻이라면 알바그다디는 신의 뜻을 이룰 겁니다.

　우리의 대화는 밤새 이어졌다. 나는 일을 좀 더 빨리 진행시키기 위해 만난 김에 도움이 될 만한 이름들이나 중개자들의 이름을 알아내려고 애썼지만 모두 헛수고였다.

　안젬의 동지들에게 IS는 이슬람 그 자체였고, 그가 말하는 칼리프는 구세주의 모든 특성을 지닌 듯했다. 나는 안젬 초우다리의 화려한 변설에서, 유혹에 빠진 젊은 지원자들을 선동하는 프로파간다 말고는 아무런 구체적인 정보도 얻지 못했다. 안젬은 확신과 자신감에 차서 이 새로운 국가를 이상적이고 아주 이해하기 쉬운 국가로 묘사했다. 그것은 무슬림이 꿈꾸는 진정한 엘도라도였다. 하지만 내가 알아낸 바에 따르면 IS의 실상은 그가 묘사한 것과 상당한 차이가 있었다.

2 장

국무총리가 있는 무장단체,
IS 행정부

IS 정부 체계에 대해서는 지금까지 자세히 알려진 바가 없으며 아직도 베일에 싸여 있다. 종종 몇몇 기관의 이름이 거론되기도 했지만, 서구 언론이 불확실한 조직 구도에 대해 근거 없는 보도를 했을 뿐이다. 2014년 10월 초, CNN은 IS 내에 '법 조항 작성을 관할하는' 위원회가 존재한다고 보도했다.[5] 다른 많은 사례보다도 CNN의 이 보도는 IS 정부 조직에 대해 우리가 얼마나 무지한지를 증명한 사건이었다. IS는 결코 법을 문서화하지 않는다. 샤리아를 절대 수정하지 않고 문자 그대로 적용하는 IS가 어떻게 법 조항을 작성할 수 있단 말인가? 그러나 CNN 보도와 같은 서방의 착오는 여전히 계속되고 있으며 줄어들기는커녕 오히려 더 늘고 있다.

아부 바크르 알바그다디는 지방 분산화에 기초해 IS 지역을 통치하며, 두 명의 국무총리와 두 개의 정부가 각각 이라크와 시리아 점령 지역에 있다. 이러한 이중 조직은 외부에서 볼 때 상당히 혼란스럽게 비칠 것이다. 하지만 이러한 통치 방식이야말로 엄청난 갈등과 차이가 존재하는 두 지역에서 칼리프의 권위를 확고하게 해주는 유일한 방식이다. 시리아와 이라크, 이 두 지역은 절대 동일한 방식으로 통치될 수 없으며 한 명의 통치자가 다스리는 것 또한 불가능하다.

시리아의 'IS 국무총리'는 아부 알리 알안바리Abu Ali al-Anbari 이다. 흔히 이 지역 사람들은 수염이 덥수룩하고 공포감을 불러일으키는 거대한 체구를 가진 알안바리를 알바그다디와 달리 상당히 폭력적이고 교양이 전혀 없는 사람으로 묘사한다. 알바그다디의 과거와 인품에 대해서는 뒤에서 이야기하겠다. 모술 지역 출신으로 이라크 군대의 장군이었던 알안바리는 스스로를 칼리프의 명령에 따라 군대를 모으고 통솔하는 '양 치는 개'로 묘사했다. 그는 2003년에 (이라크 군대에서) 탈주해 그 지역의 가장 오래된 살라피즘 활동 조직이자 북동쪽 산악 지역에 근거지를 둔 안사르 알이슬람Ansar al-Islam 조직에 합류했다. 알안바리는 2005년에 다시 체포되었다가 이듬해 석방되었으며, 2006년 10월, IS가 선포되자마자 합류했다(2006년 당시에 이 조직의 명칭은 이라크·이슬람국가ISI: Islamic State of Iraq였다 — 옮긴이).

아부 알리 알안바리는 그때부터 지금까지 시리아 지역을 책임지고 있으며 지역의 내무행정에 관한 통치권을 행사하고 있다. 또 그는 몇 개의 행정기관으로 이루어진 정부를 구성했는데, 그 행정기관들은 각각 군대, 재정, 사법, 정보, 공공 행정, 그리고 비중이 낮은 교육과 보건 부서이다.

이라크 지역은 또 다른 'IS 국무총리'가 통괄한다. 그의 이름은 아부 무슬림 알투르크마니Abu Muslim al-Turkmani이며 또 다른 IS 정부를 관장한다. 한때 사담 후세인Saddam Hussein 정보부의 중령이었던 그는 이라크 수비대의 엘리트 부대에서 특수 임무를 수행하기도 했었다. 여러 사람의 증언에 따르면 알투르크마니는 상당히 늦게 이슬람 급진 세력에 합류했는데, 바로 미국의 공습이 시작된 뒤, 그리고 그가 속했던 수니파의 반란 세력과 접촉한 뒤였다고 한다. 2001년까지만 해도 알투르크마니는 이라크의 술탄 궁전을 전전하며 여자들과 놀고먹는 일에 시간을 허비하던 사람이었다. 하지만 지금은 과거의 흔적을 지우려고 상당히 애쓰고 있다. 그의 사정을 알고 나면 그가 왜 그러는지 당연히 이해할 수 있을 것이다.

2014년 6월, 이라크 군대가 지상 작전을 펼칠 당시 모술에서 아부 압둘라만 알빌라위Abu Abdulrahman al-Bilawi가 사망하자 알투르크마니가 후임자로 선정되었다. 즉, 그는 아직 신참 국무총리인 셈이다. 핵심 인물이었던 알빌라위의 사망으로 미국 정보부는 IS에 대한 상당한 양의 정보를 획득할 수 있었다. 이 정보는 현재 서구가 전쟁을 이끌어 나가는 데 필요한 거의 모든 정보의 기반이 되었으며, IS가 어느 정도로 위협적인 존재인지 정확하게 평가하는 기준이 되었다. 물론 이 정보가 완벽한 것은 아니다. 현재 서구는 현지 정보 부재로 인해 공습으로 전혀 성과를 내지 못하기 때문이다.

현재 알바그다디의 핵심 측근인 이 두 인물이 사담 후세인 정권에 충성했던 사람들이라는 사실에 주목해야 한다. 왜냐하면 사담 후세인은 이라크 이슬람 운동을 아주 야만적으로 억압했던 장본인이기 때문이다. 역설적이게도 IS의 칼리프는 2003년 미군이 이라크를 침공하기 전까지 사담 후세인을 쉴 새 없이 추종하던 사람들을 신뢰하고 있는 것이다.

많은 해설가들과 소위 '전문가들'은 IS 정부 조직도를 그리면서 알바그다디와 두 핵심 인물로 구성된 비밀 위원회가 존재한다고 떠벌렸다. 그러나 비밀 위원회가 있다는 추측은 탁상공론에 지나지 않는다. 그

위원회라는 것이 한 명의 국가원수와 두 명의 국무총리로 구성된 아주 단순한 조직에 불과하기 때문이다. 사실과 다른 정보들이 난무하는 이유는 IS의 정부 구조가 프랑스의 정부 구조와 다르다는 사실에서 기인한다. 프랑스에는 오직 한 명의 국무총리만 있지만, 알바그다디는 두 명의 총리와 함께 전략을 짜며 총리들은 각자 책임지고 있는 지역에서 칼리프의 최종 명령을 수행하기 때문이다.

알바그다디와 총리들은 사막 한가운데 있는 작은 마을에 거주하고 있으며, 몸을 숨기는 데 이미 능숙하기 때문에 국제동맹군의 서투른 공격을 피하는 방법을 정확하게 알고 있다. 서구 공군은 주로 군수창고나 정유소 또는 무리 지어 있는 군인들만 공격하는데, 이는 서구의 공습이 표면적으로 드러나는 대상에게만 거의 한정되어 있음을 의미하는 것이다. 그러나 이렇게 드러난 대상들은 빙산의 일각에 불과하다는 점을 명심해야 한다.

칼리프는 두 명의 총리들과 항상 연락을 취하지만 절대로 전화를 이용하지 않는다.

사마드 알바그다디는 미국국가안전보장국NSA: National Security Agency이 즉각 음성인식을 할 수 있다는 걸 알기 때문에 전화로 소통하는 실수를 저지르지 않아요.

내가 사마드Samad라고 부르는 시리아 정보원이 설명해주었다. 그는 터키 남동부의 가지안테프Gaziantep에서 미국 정보부를 위해 활동하고 있다.

내가 얻은 정보에 따르면 아부 하자르 알하사피Abu Hajar al-Hassafi가 통괄하는 'IS의 통신병들'은 결코 다른 사람의 눈에 띄지 않는 아주 효과적인 정보 전달 수단이다. 통신병들은 계속 이동하면서 IS 영토의 이쪽 끝에서 저쪽 끝까지 불과 몇 시간 내에 극비 문서를 전달할 수 있다. 알하사피는 결코 풋내기가 아니다. 2010년에 알바그다디가 IS의 이라크 총리로 취임했을 당시 통신병 책임자로 임명된 알하사피는 한때 이라크 중부와 북부의 수니파 마을에서 모든 통신병들을 거느렸었다. 그는 2012년에 시리아에도 같은 종류의 연락망을 구축했는데, 그 연락망은 IS의 역사적인 영토를 대표하는 북부 지역의 라카Raqqa, 북동부의 다이르앗자우르Dayr az-Zawr, 하사카Hasakah까지 이어져 있다.

IS가 뛰어난 통신병들을 거느리는 것과 달리, 서구 국제동맹군에 실시간으로 정보를 전해줄 현지 정보원이나, 적들의 대화를 직접 엿들을 수 있는 통신병들이 없다면, 서구는 암흑 속에서 전쟁을 치르고 있다고 해도 과언이 아닐 것이다. 마치 눈먼 거인이 무턱대고 텅 빈 공간에 사격하는 것처럼 말이다.

현재 알바그다디는 최대한 몸을 사리고 있다. 드론drone이나 전투기로 쉽게 위치 추적을 당할 수도 있기 때문에, 그는 절대로 대규모 호위병을 거느린 채 이동하지 않는다. 그런데 사실 이렇게까지 신중할 필요도 없다. 이미 그의 부하들이 IS 전 지역을 완벽하게 통제하고 있기 때문이다. 알바그다디는 눈에 띄지 않는 평범한 지프나 소형 버스 또는 아주 낡은 자동차를 타고 다니며 측근 몇 명하고만 움직인다. 알안바리와 알투르크마니도 마찬가지다. 게다가 이 두 '총리들'은 시리아와 이라크에 각각 수십 개나 되는 은신처도 가지고 있다.

타레크 총리들은 끊임없이 이동하면서 약속한 장소에는 나타나지 않고 그 장소에서 500km나 떨어진 곳에 나타납니다. 그리고 절대 어떠한 흔적도 남기지 않아요. 이들은 본질적으로 과대망상중에 시달리고 있는 사람들이에요.

지난번 인터뷰[6] 때 나를 도와주었던 친구 타레크Tarek가 설명해주었다. 그는 IS의 국무총리들과 오래전부터 같이 활동하고 있는 요원이다.

국제동맹군이 수백 차례에 걸친 공습으로도 IS 지도자들을 잡지 못했다는 사실을 고려해볼 때, IS의 이러한 도주 작전과 은둔 작전이 효과를 거두고 있다고 볼 수 있다.

알바그다디는 매월 'IS 시민들'의 모든 생활 현황에 대해 보고받는다. 여러 '장관들'이 보고서를 작성하는데, 이들은 IS 내부의 지역별 주요 사안을 매우 정확하게 보고한다. 아미르amir라고 불리는 이 사령관들은 때때로 권고나 청원을 보고서에 덧붙이기도 한다. 만약 칼리프가 청원을 받아들이면, 청원서를 제출한 사령관은 필요한 액수를 재정 담당자에게 요구한다. 물론 현금으로 말이다.

IS의 뼈대, 7개의 주요 행정기관

IS에는 원칙적으로 일곱 개의 '행정기관'이 존재한다. 국방부(전쟁부라고 불린다), 정보부, 재정부, 사법부, 공공 행정부, 선전부, 그리고 아부 셰마Abu Shema[7]라는 고위 간부의 지휘 아래 무기 생산과 보급을 관할하는 병무청이 있다. 군수물자 이동을 총괄하는 아부 셰마는 시리아와 이라크에 걸친 두 지역을 전부 관할하기 때문에 IS가 그의 실질적인 행정 영역이라 해도 과언이 아니다. 시리아에서 생산한 무기를 이라크에 주둔하는 병사들에게 공급하는 것이 그의 중요한 임무 중 하나다. 즉, 아부 셰마는 두 개의 정부를 동시에 통괄하는 장관직을 맡고 있는 셈이다.

교육부와 보건복지부도 기술적으로는 '행정기관'처럼 간주되나 타 부서에 비해 보잘것없는 예산을 받는다. 이 때문에 교육 프로그램 수정과 같은 중대한 사안이 있는데도 그다지 주목받지 못하고 있다. 교육 프로그램에 관한 문제는 나중에 다시 이야기하겠다.

중앙 행정기관이기는 하지만 모든 부서에 많은 직원이 있는 것은 아니다. 단지 사령관의 업무를 돕는 보좌관 팀이 따로 있을 뿐이다. 한 명이나 두세 명 정도 되는 회계원, 부관, 그리고 IT 기술자와 운전병이 전부다. 시리아 전쟁부의 경우, 부서 특성상 그 중요성에도 불구하고 라카에 있는 본부에 20명의 직원만 두고 있다. 즉, IS는 불필요한 관료주의를 배제하는 것이다. 고용된 인원의 규모로 봤을 때 가장 중요한 부서는 선전부(30명 정도의 인원이 시리아에서 활동하고 있다)와 정보부이다. 정보부가 중요한 것은 이 기관에 전자전을 담당하는 부서와 엄청난 숫자의 IT 기술자들이 속해 있기 때문이다. 시리아의 IS 정보부에만 100명 이상의 직원이 있으며, 그중에는 칼리프에게 보물 같은 존재인 프로그래머들만 따로 경호하는 특수부대도 있다.

'작은 칼리프들', 지방행정 조직과 권력자들

IS의 각 행정구역은 왈리wali(한국의 지방자치단체장 또는 도지사를 뜻한다 – 옮긴이)의 통괄하에 있으며 왈리는 공공 행정부의 지시를 받는다. 이라크 서부 알안바르 Al-Anbar 지역의 아부 무함마드 수이다위 Abu Muhammad Suidawi, 시리아 수도 다마스쿠스Damascus 의 아부 압둘라 알이라키 Abu Abdullah al-Iraqi, 다이르앗자우르의 아미르 라프단Amir Rafdan, 하사카의 아부 우사마 알이라키Abu Usama al-Iraqi 그리고 시리아 서부 홈스Homs의 알왈라시히르 알아라비 Al-Walasihir al-Arabi 등이 지방 행정 구역을 총괄하는 왈리들이다.

내가 정체를 알아낸 이 사람들을 포함해 시리아에서 통치하는 사람들까지 전부 이라크 출신이다. 게다가 더욱 중요한 사실은 IS의 고위 사령관들도 거의 이라크 출신이라는 것이다.

후삼 이제 시리아는 IS의 식민지나 다름없어요.

터키 자유시리아군FSA: Free Syrian Army⁸ 대변인인 후삼 알마리Hussam al-Marie가 분노에 찬 목소리로 말했다.

이런 불균형적인 관계야말로 장기적으로 보았을 때 IS를 약화시키는 핵심 고리가 될 수 있다. 또 그것은 서구의 공습이나 지상군 투입보다 더 빠르게 IS를 약화시킬 수도 있다. 시리아에서는 어느 누구도 이 새로운 칼리프 국가를 달갑게 생각하지 않는다. 지나칠 정도로 충성을 다하는 군인들과 IS 정보부는 시리아 주민들을 감시하기 위해 공포정치를 일삼고 있다. 시리아 주민들은 모든 생활 영역에 절대 권력을 휘두르는 이 이방인의 침범에 크게 절망한 상태이며, 단지 살아남기 위해 입을 다물고 있을 뿐이다. 인적 자원과 물적 자원이 넘쳐나는 엄청난 조직력을 가진 이 독재 권력은 눈 하나 깜짝 하지 않고 언제든지 주민들의 분노와 불만을 진압할 수 있다. 이 때문에 IS에 대한 시리아인들의 적개심은 사라지지 않고 점차 커지고 있다.

왈리들은 어느 정도 한계가 있기는 하지만 각각의 행정구역에서 일종의 '작은 칼리프'로서 권력을 행사한다. 특히 도로 공사와 쓰레기 수거를 전관하는 위원회 일종인 슈라shura를 구성할 권리를 가지며 슈라에 관해 전적인 통제권을 갖는다. 정리해보면 핵심 '행정부'에 속한 지방 사령관들은 중앙으로부터 직접 명령을 받고, 누구도 관심 갖지 않는 교육과 보건에만 자율권을 갖는다.

IS에도 교육부가 있지만 이 책의 한 장 전체를 할애하기에는 너무나 빈약한 구성을 가지고 있다. 라카, 하사카, 모술에 거주하는 여러 주민들의 증언에 따르면, IS 교육부 조직은 아주 엉망이기는 해도 초등학교 1학년 수업 내용에 관한 지침서 정도는 갖추고 있다고 한다. 그러나 IS 교육부 중 이라크 교육부는 특히 더 엉망인 것으로 확인되었다.

시리아 교육부와 정보부에서 조사관 임무를 맡고 있는 아부 함자 리야드 지아드Abu Hamza Riyad Ziad는 2014년 8월 초, IS 점령 지역 내 교사가 의무적으로 참가해야 하는 교사 교육 시스템을 마련했다. 교사들을 위한 이 재교육 시스템은 아부 알리 샬라이Abu Ali Shalayi라는 'IS 정치위원'의 감독하에 이뤄지고 있다.

샬라이는 수업 내용이 샤리아와 일치되는지를 감독한다. 미술, 음악, 철학 수업은 폐지되었고, 역사 수업은 IS의 공식 입장을 반영하도록 수정되었다. 또 국가나 국제 관계 문제, 외교 문제에 관한 교육도 IS의 공식 입장에 어긋나지 않아야 한다. 결국 그들의 역사는 지구를 가득 채운 이교도 무리들에 대한 격렬한 투쟁으로 묘사된다. 이러한 역사 이야기는 지겨우니 이제 현재의 이야기로 화제를 바꿔보자.

IS의 이 새로운 교육 프로그램은 아직 시작 단계에 있으며 아직까지는 교사들에게 어느 정도 자율성이 주어지는 상태다. 새로운 교육 프로그램뿐 아니라 학교도 제대로 기능하기 시작했다. 라카 한 도시에만 다섯 개의 교육기관이 생겼으며, 그중 하나는 여자만 입학할 수 있는 자연과학 대학인 알무타파 울킨Al Mutafa Woulqin 대학(영재 학교)이다.

IS의 모든 학생들은 엄격한 복장 규정을 제외하고는 학교생활에 별다른 어려움을 느끼지 않는 듯하다. IS의 학교들은 특별한 예산 없이 운영되며 교사들의 봉급도 지방정부(월라야wilayah: 아랍어로 지방을 뜻함 - 옮긴이)의 재정에서 직접 지급된다.

앞서 말한 지방행정 조직 내 암니(IS 정보부 소속의 비밀경찰)는 독자적으로 행동하며 왈리들은 이 비밀경찰의 이름만 알고 있을 뿐이다. 즉, 왈리는 IS 정보부 소속의 암니가 구체적으로 어떤 일을 하는지, 그들이 모집하는 요원이 누구인지, 요원들을 어디에 침투시키는지 전혀 알지 못한다. 암니는 IS 내에 있는 누구든 체포할 수 있는 권한을 갖는다. 군사령관이나 사법관, 심지어 왈리까지 직접 체포할 수 있다. 이후에 설명하겠지만 이 비밀경찰의 특별한 위계질서가 바로 IS를 지탱하는 기둥 중 하나이기도 하다.

반면 왈리들은 무기나 탄약 공장을 통제할 권한도 가지고 있지 못하다. 탄약 공장들은 아부 셰마가 이끄는 병기부와 운송부가 관리하고 있으며, IS 점령 지역의 모든 유정油井들도 지방의 왈리가 아닌, IS 중앙재정부에 속해 있다. 왈리들은 만약 자신의 행정구역 내에서 전쟁이 일어난다 해도 그 전쟁에 관해 전략적인 결정을 내릴 수 있는 어떠한 권한도 없다. 왈리 대신 전쟁부의 각 지역 사령관이 정보를 독점하고 있으며 병사를 이끌고 직접 전쟁에 나선다. 지원군이 필요할 경우에는 더 높은 상관에게 결정을 맡기는 방식으로 운영된다.

각 행정기관의 예산은 어디서 오는 것일까

IS의 행정부는 보통 한 번에 3개월 치의 예산을 각 부서에 책정한다. IS가 책정한 예산이 얼마인지 정확히 알기는 상당히 어려우며 그들이 어떤 방식으로 재정을 분배하는지 알기는 훨씬 더 어렵다. 하지만 나는 이 분야에 정통한, 신뢰할 만한 정보원들을 탐문해서 몇 가지 중요한 정보들을 얻을 수 있었다.

IS 부서 중 전쟁부는 연간 3~4억 달러에 이르는 가장 많은 예산을 가져간다. 엄청난 액수이나 아주 터무니없어 보이지는 않는다. 왜냐하면 IS 군대는 매달 1인당 300달러씩 전체 5만 명의 군인에게 봉급을 지급하는데, 이것만 따져도 연간 1억 8000만 달러의 비용이 들기 때문이다. 시리아 북부 코바니Kobani에서의 전투와 이라크의 군사작전에 쓰인 비용까지 가산하면 전쟁부가 필요로 하는 비용이 계속 증가됨을 짐작할 수 있다.

전쟁부 중에서도 병무청은 포탄, 탄환, 화약뿐 아니라 대포와 손으로 작동하는 박격포 등 무기를 생산하고 공급하는 아주 중요한 기관이다. 그런데 의외로 병무청은 IS에 재정적인 부담을 거의 미치지 않는 듯하다. 내가 얻은 정보에 따르면, 시리아에 세워진 공장들은 대략 연간 3000만 달러의 예산만 받고 있기 때문이다. 시리아에는 총 네 개의 무기 공장이 있는데, 그중 하나는 라카 동쪽에 위치한 아케르키Akerchi 마을에 있다. 탄약을 생산하는 이 공장에는 두 명의 기술자를 포함해 총 20여 명의 직원이 근무한다. 비용이 많이 들지 않는 대신 무기의 질이 떨어지기 때문에, 전쟁부 사령관들은 터무니없이 비싼 비용을 지불하더라도 이라크 암시장에서 무기를 수입하는 편을 선호한다.

사법부는 중요한 부서임에도 연간 1000~1500만 달러의 예산만으로 운영된다. 공공 행정부도 비슷한 수준의 예산으로 운영되는데, 이는 지역 유지와 보수에 필요한 모든 공사가 지방행정부의 왈리 선에서 이뤄진다는 사실을 고려하면 좀 많은 액수다. 재정부 역시 2000~3000만 달러 정도의 빈약한 예산을 받지만, 재정부가 하는 일이 지방에서 돈을 걷어 중앙으로 보내고 그 돈을 다시 지방에 분배하는 게 전부라는 사실을 고려하면 별로 놀라운 일도 아니다. IS의 모든 관리들은 즉각 경질되거나 처형되지 않기 위해 맡은 임무를 완벽하게 수행한다. 열성이 없다는 이유만으로 종종 정보부의 의심을 살 수 있기 때문이다.

아쉽게도 정보부에 대해서는 거의 알아내지 못했기 때문에 그들의 예산도 여전히 안갯속에 묻혀 있다. 일각에서는 그 액수를 추측해 제시하기도 하지만, 정확한 숫자는 어떤 방법으로도 증명이 불가능하다. IS 정보부는 완전히 안개에 싸여 있어서 절대 내부를 뚫고 들어갈 수 없기 때문에 그들의 예산이 정확히 얼마인지는 여전히 수수께끼로 남아 있다.

반면 IS는 전자전에 엄청난 돈을 쏟아붓는다. 나중에 더 자세히 살펴보겠지만, 전자전이 가할 새로운 위협에 대해 완전히 무방비 상태나 다름없는 IS의 적들에게 전자전을 담당하는 정보부는 눈엣가시 같은 존재다. 알바그다디는 전자전을 담당하는 기관에만 연간 5000~8000만 달러의 예산을 책정하고 있다.

'자살 테러단'(그들 스스로 이렇게 부른다)은 IS의 위대한 걸작 중 하나인 것에 비해 인적 자원이 많이 소모되거나 돈을 많이 필요로 하지도 않는다. 어떤 전문가들은 자살 테러단만을 위한 독립된 '행정부'가 존재한다고 주장하지만 이는 사실이 아니다. 자살 테러단 역시 정보부 산하에 있다. 이 기관의 예산이 연간 1000만 달러를 넘지 않거나 그보다 더 적을 것이라는 사실에 모두가 동의하는데, 그마저도 비밀경찰인 암니의 예산에 속한 것이다.

IS에서 푸대접을 받는 부서는 바로 교육부와 보건복지부이다. 어떤 지역에서는 예산을 아예 받지 못할 정도로 이 두 부서의 예산은 가히 비참한 수준이다. 모두 이 두 부서가 푸대접을 받는다는 사실에 동의할 것이다. 말하자면 내 정보원들만 IS를 비난하는 것이 아니다.

앞서 열거한 IS 행정부의 예산을 최대한으로 추정해보면, 연간 5억 달러에 이른다. 정보부에 지급되는 예산 중 밝혀지지 않은 것까지 고려하면 꽤 합리적인 액수라고 할 수 있다. 이후 다시 이야기하겠지만 IS는 재정적으로 상당히 부유하며 자금 출처도 매우 다양하다. 게다가 이 엄청난 규모의 예산은 결코 계획 없이 집행되는 법이 없다.

모술을 정복하면서 칼리프는 5억 달러어치의 금과 외화를 약탈할 수 있었다. 2013년에 라카에서 약탈한 외화만 해도 약 2억 달러에 달한다. 전문가들은 IS의 총외화 보유액이 약 20억 달러일 것이라고 짐작하지만 정확한 것은 아니다. 2014년 6월, 모술에 거주하던 아부 압둘라만 알빌라위의 사택에서 발견된 비밀문서에 의거한 정보이기 때문이다. 전투 작전 중 살해당한 알빌라위는 한때 IS의 이라크 담당 '국무총리'였다. 그가 보관하던 문서들 중에서 IS의 재정을 파헤칠 수 있는 수백 개의 메모리카드가 발견되기 전까지는 그 누구도 IS가 그렇게 부유한지 상상도 못했다.

그러나 지금까지 언론에서 언급된 액수는 굉장히 부정확하다. 자료에 의하면 IS는 모술을 정복하기 전에 약 8억 5000만 달러를 보유하고 있었고, 모술 정복 후에는 (서구 정보부가 다시 계산한 것에 의하면) 20억 달러 이상을 가진 것으로 짐작되었다. 이 추정 액수는 IS의 물적 자원과 금융 자원을 모두 합친 금액으로, 즉 금과 외화뿐 아니라 시리아와 이라크에서 압수한 자동차, 무기, 대포, 장갑차, 헬리콥터까지 포함한 금액이다. 그러나 중요한 것은 이 추정 액수에 IS가 지속적인 지출을 위해 예비해둔 현금이 전혀 포함되어 있지 않다는 사실이다.

IS는 모술을 정복함으로써 앞으로 몇 개월 동안, 심지어 몇 년 동안 돈 걱정을 할 필요가 없게 되었다. 이러한 상황은 현재 IS가 보유한 수입원, 특히 석유 생산이 중단되지 않는다는 전제하에서만 유지될 수 있다. 그러나 IS는 국제동맹군의 폭격으로 (적어도 일시적으로) 석유 생산에 상당한 피해를 입은 듯하다.

알바그다디는 중요한 천연자원들을 보유하고 있지만 그렇다고 해서 그것이 자급자족할 만큼 풍족한 것은 아니다. IS에서 신과 같은 존재인 칼리프도 이 문제를 해결하기 위해 고전하고 있다. 즉, IS는 점령하거나 전멸시켜야 하는 적들에게 둘러싸여 있지만, 다른 한편으로 이 적들은 IS의 생존을 위해 없어서는 안 될 존재인 것이다. 그중에는 최대의 적수인 바샤르 알아사드 시리아 정권도 포함되어 있다. 아이러니하게도 IS는 알아사드 정권과 전쟁을 치르는 데 필요한 외화를 얻기 위해 알아사드와 간접적으로 협정을 맺고 있다. 다른 어떤 전쟁보다도 더욱 피비린내 나는 알아사드와의 전쟁에서, 칼리프는 스스로의 생존을 위해 그의 적들을 부양해야 하는 자가당착에 빠져 있는 것이다.

IS는 부유하지만 동시에 엄청난 소비를 하고 있기 때문에 재정이 불안정해질 수 있다. 만일의 경우에 대비해 알바그다디는 어떤 실수도 용납하지 않는다. 자금이 부족해지면 언제든 무너질 위험에 처할 수 있기 때문이다. 전쟁으로 풍부한 자금을 확보하면서도 동시에 엄청난 피해를 입고 있는 IS가 바로 여기서 첫 번째 약점을 드러낸 것이다.

마리아 알바그다디는 항상 먼저 공격할 수밖에 없는 상황에 놓여 있어요. 전쟁 기계를 계속 돌리기 위해서 항상 자금을 확보해야 하기 때문이죠. 만약 석유 생산이 중단되거나, 카타르와 사우디아라비아 왕자들이 더 이상 자금을 대지 않거나, 터키 국경을 빼앗기거나, 수입이 좋은 거래가 중단되면 IS는 아마 단 1년도 버티지 못하고 몰락할 겁니다.

아부 마리아가 미소를 지으며 말했다. 그는 라타키아 지역의 알카에다 사령관이다.

그러나 모든 사람들이 아부 마리아의 의견에 동의하는 것은 아니다. 왜냐하면 IS는 장기간의 휴전에도 버틸 수 있는 자금을 이미 확보해놓았기 때문이다. 게다가 버티는 동안에도 IS는 생존을 위해 새로운 밀수입 통로를 개척하고 석유 판매 수입을 올릴 방법을 다시 고안할 것이다. 국제동맹군의 공습에도 현재 IS의 자금은 계속 넘쳐나고 있다.

3 장

전 세계 지하디스트 용병의 집결,
IS 군대

군대는 IS의 핵심이며 중요한 권력 기반이다. 또한 전 세계 IS 동조자들에게 영향을 미치는 감탄의 대상이기도 하다. 힘과 영토, 정복, 그리고 무적의 상징인 IS 군대는 복잡하면서도 아주 효율적인 구조로 조직되어 있다. 이 때문에 점령 지역의 까다로운 지리적 조건에도 완벽하게 적응할 수 있다. IS는 2014년 10월 초 기준으로 5만 명 정도의 병력을 소유한 것으로 알려졌다(숫자는 계속 늘어나고 있다). 서구의 국제동맹군은, 잘 훈련되어 있고 엄청난 장비를 갖춘 데다 전문적이면서 무엇보다 각오가 대단한 적군과 맞서고 있는 것이다.

원한다고 누구나 IS의 군인이 되는 것은 아니다. 새로 징집된 후보병들은 엄격한 평가 과정과 훈련 과정을 거쳐야만 한다. 시리아와 이라크 지역에 IS 후보병들을 위한 훈련소가 산재해 있다. IS 군대는 보통의 병영이나 쉽게 위치 추적이 가능한 군사 건물들을 훈련소로 절대 사용하지 않는다. 그 대신 그들은 주민들이 거주하는 아주 소박한 마을을 훈련소로 이용한다. 마을 주민들은 미래의 전투병들에게 숙식을 제공하고, 후보병들은 마을 주위의 들판에서 훈련을 받는다. 국제동맹군은 IS 지역에 대한 현지 정보가 부족해, 번번이 목표물을 정확하게 겨냥하는 데 실패하고 있다. 후보병을 훈련시키는 훈련소들이 보통의 민가나 농장과 뒤섞여 있기 때문에 어떤 지역이 훈련소로 쓰이는지 알아내기가 쉽지 않다. 이렇게 군사시설과 민간시설을 구분하지 않고 섞어놓은 것은 IS가 낸 고도의 전략에 속한다. 민간시설에서 불과 몇 미터밖에 떨어져 있지 않은 곳에 군사시설을 만든 것은 적의 공습을 받았을 때 민간인의 피해를 최대한으로 발생하게 하려는 목적을 지닌다.

지하디스트 후보병들은 약 한 달 동안 훈련을 받는데, 이 기간에 기본적인 군사훈련과 함께 몇 가지 핵심적인 훈련을 집중적으로 받는다. 즉, 공격 무기를 조작하고 관리하는 법, 육탄 대결, 그리고 그들이 배치될 부대에 효과적으로 적응할 수 있는 기초 전략에 대한 훈련 등이다. 훈련 기간에 후보병들은 봉급을 받지 않는다. 단지 주식이 제공될 뿐이다. 그들은 군사훈련과 함께 이맘에게 이슬람의 기초인 '아키다 Aqidah(이슬람의 신조 – 옮긴이)'를 다시 교육받아야 하는데, 들리는 바에 의하면 이맘들은 아키다를 상당히 우회적이고 편파적으로 가르친다고 한다. 터키로 도주한 어느 IS 전투병은 이렇게 말했다.

전직 IS 전투병 모든 교육 내용이 지하드와 순교에 대한 찬양 일색이에요. 저는 IS 군대에 합류하기 전에 자유시리아군에서 싸웠어요. 자유시리아군도 문제가 없는 것은 아니지만 몇 가지 사실은 분명합니다. 자유시리아군이 바샤르 알아사드를 상대로 싸우고 있다는 사실, 그리고 시리아를 알아사드로부터 해방시키기 위해 투쟁한다는 사실 등이죠. 설령 자유시리아군이 죽음을 두려워하지 않는다고 해도 죽음 그 자체가 목적은 아니에요! 그것은 단지 받아들일 준비가 된, 한 가지 최후의 가능성일 뿐이었죠. 그런데 IS는 달라요. 라카에서 IS 군대의 한 이맘이 우리에게 말하더군요. 앞으로 치르게 될 어떤 전쟁에서도 결코 살아남을 수 없을 거라고요. 그리고 우리는 그러한 희생을 기쁘게 받아들일 거라고 했어요! 진정한 병사가 되는 유일한 길, 특히 완벽한 무슬림이 되는 길은 순교에 대한 열정을 갖고 우리의 자리가 천국에 마련되기를 갈구하는 거래요. 다시 말해 IS 군인에게 지상에서의 삶은 전혀 중요하지 않은 거죠.

이 IS 전투병과 달리 대다수 후보병들은 이러한 극단주의적 연설에 매력을 느낀다. IS는 조직원에게 아주 넉넉한 보수를 주고 있으며, 게다가 봉급을 제때 지급하고 있다. 이것이 바로 부패와 엉성한 체계 때문에 침몰하고 있는 자유시리아군과 구별되는 IS의 특징이다. 훈련 기간이 끝나면 IS 군인들은 절대 변하지 않을 고정된 봉급을 받게 된다. 특수부대에 속하든 단순히 보병부대에 속하든 군인들이 받는 액수는 거의 똑같다고 알려져 있다. 그런데 내가 알아낸 바로는 이 군대가 무자혜딘mujahidin[지하드(성스러운 전쟁)에서 싸우는 이슬람 전사 - 옮긴이]이라고 해서 모두 평등하게 취급하는 것은 아니라는 사실이다. IS는 '국가별 등급표'에 따라 봉급을 지급하고 있었다!

시리아와 이라크 병사들은 매달 250달러만 받는다. 반면 사하라 남부의 아프리카에서 온 병사들은 매달 300달러를, 마그레브Maghreb(모로코, 알제리, 튀니지를 포함한 북아프리카 지역 - 옮긴이)와 다른 아랍 국가에서 온 병사들은 350달러를, 유럽에서 온 병사들은 특별히 500달러를 받는다. 가장 많은 봉급을 받는 병사들은 바로 미국에서 온 병사들이다. 그들은 매월 700달러를 받는다. 행정적 착오 때문일까? 절대 그렇지 않다. 아주 분명하게 명시된 이 국가별 등급표는 IS의 의도가 무엇인지 잘 보여준다. IS는 프로파간다 목적을 가지고 매우 의도적으로 외국 자원병들을 모집하는 것이다. 결국 자신의 동료들과 전쟁을 치를, IS에 자진 합류한 미국인들은 엄청난 IS 선전 효과를 창출한다. 유럽인들도 마찬가지다. IS는 전투지에서의 전쟁만큼, 외국 군인들의 합류가 주는 이미지나 상징에 의한 전쟁도 중요하게 여긴다.

서구 국가를 위협하는 뛰어난 전쟁 지휘관들

이라크 전쟁부 장관은 아부 키파Abu Kifah이다. 40세가량의 이 장관은 자살 테러 부대 사령관이었으며 2014년 6월 29일 IS가 선포되었을 때부터 이 부서를 맡았다. 시리아 지역의 IS 군사작전은 아부 오마르 알시샤니Abu Omar al-Shishani가 맡고 있다. 알시샤니는 지하드의 전설적인 인물로서 탁월한 전략가인 동시에 아주 용맹스러운 전투원이다.

그의 실제 이름은 타르칸 바티라시빌리Tarkhan Batirashvili이며 동방정교회를 믿는 조지아인 아버지와 체첸 태생의 무슬림 어머니 사이에서 1986년에 태어났다. 알시샤니는 조지아와 체첸의 국경에 있는 판키시Pankisi 협곡 근방에서 자랐는데, 이곳은 기후가 나쁘고 지형이 매우 험난해 살기에 그다지 적합하지 않은 것으로 유명하다. 어린 시절 그는 부모를 도와 산악 지역에서 양을 방목하는 일을 도맡아 했는데, 그는 이때 러시아군을 공격하기 위해 떠나는 체첸 반군 병사들과 자주 마주치곤 했다. 그의 아버지 말에 따르면 알시샤니는 그가 감탄해 마지않던 체첸 반군들의 영향을 받아 이 시기에 이슬람교로 개종했다. 그는 반군들의 매복 계획에 동참하기 위해 마을에서 몇 킬로미터 떨어진 국경 너머까지 여러 번 그들과 동행했다고 한다.

전투를 향한 알시샤니의 애정은 결코 변치 않을 것이며, 전투원이자 전략가로서 그가 가진 탁월한 능력도 절대 사라지지 않을 것이다. 알시샤니는 21세에 조지아 군대에 입대했는데, 당시 그의 교육관은 즉각 알시샤니의 재능을 알아보고 그를 정찰대에 배치했다. 2008년에 발발한 전쟁에서 알시샤니는 러시아 장갑차의 위치를 조지아 포병대에 알리기 위해 여러 번 러시아 지역에 잠입하곤 했다. 그는 이 전쟁에서 공을 세워 본국 군대에서 눈부신 경력을 쌓을 수 있었다. 그러나 이후 운명은 다르게 전개되었다. 2010년에 폐결핵 진단을 받고 조지아 군대에서 부적격자로 판정되어 추방된 것이다. 한때 본국 군대에서 추방당했던 알시샤니가 현재 탁월한 전략가가 되어, 지구상 가장 막강한 군대(국제동맹군)를 상대로 싸우고 있다는 사실은 역설적이지 않을 수 없다.

몇 개월의 회복 기간을 보낸 뒤 완쾌한 알시샤니는 재입대를 시도했으나, 군대는 모욕감을 주면서 그를 차갑게 거부했다. 이러한 모욕감은 그에게 평생 지울 수 없는 적개심과 고통을 안겨주었다. 알시샤니는 그가 태어난 고장인 비르키아니Birkiani에서 경찰직에도 응시했지만 경찰 역시 그의 면전에서 문을 닫아버렸다. 하지만 전쟁에 대한 열정은 마치 중독처럼 그를 가만히 놔두지 않았다. 그는 무기들이 넘쳐나는 지역에서 무기를 하나하나 장만하기 시작했고 체첸군에 입대를 시도했으나 또다시 실패하고 말았다. 그는 결국 체포되어 3년 형을 선고받았다. 조지아는 전통적으로 온건한 이슬람인 수피교sufism에 한해서만 관용적이다. 조지아의 지도자들은 국경 너머 체첸에서 자행되는 살라피스트들의 테러 행위를 그저 여유롭게 바라볼 뿐이었다. 알시샤니는 심한 심문과 고문을 당하고 특별 감옥에 수감되었다. 그리고 수감되어 있는 동안 자신의 사랑하는 어머니가 사망했다는 소식을 접했다.

만약 내가 이 지옥에서 살아서 나간다면 반드시 지하드에 합류하겠다고 스스로 다짐했어요!

그는 2013년에 IS의 신문을 통해 이렇게 회고했다. 그리고 그 약속은 지켜졌다. 2012년 초 감옥에서 출소해 2012년 3월 시리아에 도착한 알시샤니는 '외국 용병들'의 제1분대인 무하지룬Muhajirun의 지휘를 맡았다. 그리고 시리아 북부의 알레포Aleppo 전투에서 큰 공로를 세워 인정받고, 그해 10월 알레포 지역에 계속 머물며 알카에다와 함께 전투에 참가했다. 알시샤니는 시리아 군대의 미사일 기지를 탈취하고 12월에는 샤이크 술레만Cheikh Souleymane의 기지를 탈취했다. 그로부터 두 달 후 그는 알카에다와 함께 시리아 정권의 모든 부대가 끈질기게 방어

했던 80연대 기지까지 탈취해냈다. 2013년 8월에는 메나그Menagh 공군기지를 탈취했으며, 그의 분대인 무하지룬 왈안사르Muhajirun wal-Ansar는 규모를 점차 확장하면서 시리아를 가로질러 다른 전투에 참가했다. 2013년 가을, 우리는 이라크 지역의 IS와 샴Sham(칼리프 국가의 시조) 비밀 조직도에서 그의 흔적을 찾아볼 수 있었다. 그는 현재 시리아에서 진행되는 군사작전의 사령관으로 활동하고 있다.

알시샤니는 살라피스트이지만 이론가는 아니다. 그는 탁월한 전술가로서 뛰어난 지능과 대범함을 가지고 전쟁을 지휘한다. 알카에다 고위 사령관인 아부 마리아에 따르면, 많은 사람들이 알시샤니를 IS의 전쟁부 장관(시리아와 이라크를 합친)으로 여긴다. 그러나 점차 그가 명성을 떨치자 알바그다디의 심기가 날카로워지는 듯하다. 편집광적이고 조심성이 많은 칼리프는 자신의 경쟁자가 될 수도 있는 이 살아 있는 전설이 자신의 권력에 가까이 오지 못하도록 경계하고 있다.

IS 군대는 기능에 따라 일곱 개의 하부 그룹으로 나뉜다. 보병대, 국경 수비대, 기갑부대, 중포병대, 경포병대, 저격대, 특수부대가 그것이다. 일곱 개의 부대로 구성된 군대는 IS 전 영토에 고루 분포해 있다. 이것은 각 지역마다 완벽하게 독립적으로 군사작전을 수행하도록 하기 위한 작전이며, 또 IS의 어느 지역에서든 즉각 공격할 수 있게 하기 위한 것이다.

IS 보병대, 프랑스 병사부터 소말리아 병사까지

전직 IS 고위 지휘관이었던 아부 무스타파의 추측에 의하면 IS 보병대의 규모는 매우 크며 약 3만 명 이상의 병력으로 이루어져 있다. 보병대는 중앙 명령 체제를 갖추고 있으나 현지 전투에서는 개개의 분대가 스스로 작전을 결정한다.

무스타파 보병대는 일사불란한 조직이 아니에요. 즉, 한 덩어리가 아닌 여러 분대의 집합체로 봐야 합니다. IS는 한 지역에 다섯 개에서 열 개의 독립 분대를 배치할 수 있어요. 분대들은 각각 이름도 다르고 내부 조직과 성격도 아주 다양해요. 어떤 분대는 자유시리아군이나 자브하트 알누스라Jabhat al-Nusra(시리아의 지하드·살라피스트 조직으로 알누스라 전선으로 불리기도 한다 - 옮긴이)의 탈영병들로 이루어져 있는데, 그 분대는 자유시리아군이나 알누스라만의 특징들, 심지어 그들의 전략까지 그대로 유지하고 있어요. 다른 외인 분대들은 종종 같은 언어를 중심으로 조직되기도 합니다. 예를 들어 프랑스 병사들은 벨기에나 프랑스어권 아프리카 병사들과 묶이고, 영국 병사들은 알레포의 경우처럼 파키스탄, 소말리아 병사들과 같은 조직이 됩니다. 그 외 분대들은 시리아와 이라크에서 IS에 의해 오래전에 조직된 것들이에요. 간단히 말해 전투를 앞두고 분대를 재편성하라는 명령이 떨어지기 전까지 이 모든 분대들은 각각 독립적으로 운영돼요. 즉, 그 지역의 군사령관이 모든 분대의 명령권을 장악해서 개개의 분대에 임무를 맡기기 직전까지요. 만약 시리아에 대규모의 공격이 있게 되면 알시샤니가 그 지역에 직접 와서 공격을 지휘해요. 이라크에서 공격이 있게 되면 그때는 아부 키파가 그 임무를 맡게 되죠. 이 분대들은 보병대에 속하긴 하지만 중장비도 가지고 있어요. 박격포나 대공 기관총을 사용할 수 있으면 더 좋겠지만 말이에요! 하여간 이 보병대는 당신들 군대보다 훨씬 엉성하게 조직되어 있어요. 하지만 그렇다고 효율성이 떨어진다는 것은 절대 아니에요.

사막을 누비는 전차들, 기갑부대

보병대와 달리 기갑부대는 각 지방 주마다 중앙집권화된 명령체계를 가지고 있다. 각 주는 알바그다디와 국무총리에 의해서 할당된 전차를 보유하고 있으며 그 지역이 당면한 위험과 전략적인 중요성에 따라 전차 개수가 결정된다. 전차의 종류는 천차만별이다. 제2차 세계대전 때 소련군이 사용했던 전차에서부터 현재 미군이 사용하는 M1 에이브럼스까지 다양하다. 아부 마리아는 현재 IS의 전차 개수가 족히 400대 이상은 될 것이라고 추측하고 있다. 게다가 모두 작동이 가능한 전차들이다. 가지안테프에서 활동하는 미국 정보부의 정보원인 사마드가 내게 이 기갑부대에 관한 정보를 주었는데, 모든 지역 사령관들은 다음과 같은 세 가지 명령에 따라 전차 관리에 신경을 써야 한다고 한다. 그 원칙은 첫째, 선제공격용 무기인 전차들을 적당한 간격으로 들판에 잘 은폐시켜야 한다. 둘째, 전투하는 동안만 그 모습을 드러내야 한다. 셋째, 전투 후에는 절대 발견될 수 없는 장소로 다시 이동시켜야 한다. 이것은 적군의 공습으로부터 전차를 보호하기 위한 전략이다.

IS는 모술을 점령하기 전에는 전쟁으로 파손되고 노후화된 시리아 탱크에 만족해야 했으나, 모술을 함락시키고 난 다음에는 이라크에 어마어마한 부대를 갖추게 되었고 기갑부대 능력도 엄청나게 상승했다. 그러나 알바그다디 조직에 정밀한 기계를 다룰 수 있는 병사의 수가 절대적으로 부족하다는 사실이 문제가 되었다. 모술(이 도시가 완전히 IS의 지배를 받는 것은 아니다. 미국이 이라크를 침공했을 때 저항하던 과격 단체들이 아직도 일부 구역을 장악하고 있다)에서 활동하는 알카에다 조직원이 준 정보에 따르면, IS 병사들은 기술력이 부족해 약탈한 무기들을 잘 활용하지 못한다.

알카에다 조직원 IS 병사들은 꼭 아이들 같아요! 전차의 포대에 기어오르거나 비행기의 날개에 올라타면서 즐거워하죠. 그들 중 대다수가 이라크나 시리아 들판에서 자란 목동의 아들들이에요. 정밀한 무기를 다루기에는 어림도 없는 사람들이죠. 전차 운전병의 수가 절대적으로 부족해요. 특히 에이브럼스 같은 정밀한 전차를 조종할 수 있는 병사들은 거의 없어요. 심지어 이라크에서 전쟁을 치르는 동안에는 몇몇 사령관들이 의도적으로 최첨단 무기들을 폐기하기도 했어요. 그 무기들을 사용할 수 있는 능력은 없으면서, 만약 그들이 패배할 경우 적군의 손에 이 값진 전리품들이 넘어가는 걸 보고 싶지 않았던 거죠. IS 전쟁부는 현재 새로운 기술자들을 모집하고 있어요. 하지만 시간이 좀 걸릴 것 같네요.

현재 IS는 확보한 군사 무기들, 특히 전차들을 최대한으로 활용하지 못하는 상황이다. 이것이 과연 서구에 희망적인 소식일까? 꼭 그렇지는 않은 것 같다. IS 군대는 서구의 폭격에도 여전히 거대한 영토를 통제하고 있으며 계속해서 영토를 확장해나가고 있기 때문이다. 심지어 일부 기갑부대가 전혀 움직이지 못하고 있는데도 말이다. 만약 IS 내에 어떤 전차든 조종할 수 있는 운전병들만 확보된다면, 과연 어떤 일이 발생할지 심히 염려되지 않을 수 없다.

최첨단 무기로 무장한 포병대

포병대에는 5000명 정도의 병사가 있다. 그리고 포병대 역시 기갑부대에 적용되는 원칙을 따른다. 즉, 앞서 설명한 원칙에 따라 포병대 장비도 국제동맹군의 공격이 시작된 이후부터 휴전 기간에 각 지역에 흩어져서 잘 은폐되어 있다. 그리고 각 지방의 주마다 개별적으로 장비를 보유하고 있다. 그 장비들은 ZU-23 같은 특별히 더 강력한 화력을 가진, 대공 기관총부터 155mm 대포와 수많은 중장비 박격포(120mm)들이다. 모두 합해서 수만 개의 대포가 시리아와 이라크에 분산되어 있다. 이 엄청난 양의 무기들은 그 누구든 벌벌 떨게 하기에 충분하다. 특히 광신적 병사들이 이러한 무기들을 손에 쥐고 공포에 휩싸인 적을 향해 돌격할 때는 더욱 그러할 것이다.

안젬 탈영한 이라크 군대 병사들에게 들으니, IS 병사들과 싸우는 것이 거의 불가능했다고 하더군요.

안젬 초우다리가 자부심 가득한 어투로 설명했다.

안젬 IS 병사들은 꼭 마약에 취한 것처럼 신을 찬양하는 노래를 부르고 기쁨에 울부짖으면서 수천 명씩 몰려들 뿐 아니라, 그들의 무기도 매우 현대적이어서 적군이 감히 머리를 들어 올릴 수도 없었고 반격은 꿈도 못 꿀 정도였다고 해요. 다시 말해 무자혜딘의 공격은 완벽하게 조직되어 있는 거예요. 즉, 대범함과 프로 정신의 결합이라고 할 수 있지요!

IS 포병대도 최첨단의 무기들을 보유하고 있다. 그 무기들은 항상 불법적인 방법으로 무기 밀매를 일삼는 굉장히 부패한 조직인 자유시리아군에게서 사들인 것이다. 2014년 9월, 독일의 국회의원인 얀 반 아켄 Jan Van Aken은 시리아 국경 지역 코바니 마을에서 IS 병사들에게 시달림을 당하는 쿠르드족 저항군을 만났다. 완전히 분노에 찬 쿠르드족 저항군들은 지하디스트의 근거지를 공격하면서 획득한 밀란 미사일 Milan missile(유럽의 대전차 미사일 – 옮긴이)을 보여주었다. 그리고 그들은 아켄 의원에게 어떻게 유럽의 무기가 적의 손에 들어가게 되었는지 설명하라고 요구했다.

프랑스 대통령은 온건한 반군들을 무장시켜야 한다는 2013년에 제기된 사항을 2014년 여름에 받아들였는데,[9] 이는 서구 정치가 얼마나 근시안적이며 무지한지를 보여주는 행위다. IS는 실제로 프랑스 덕분에 최고의 무기를 갖게 된 것이다. 만약 미국이 지상군 파견을 결정한다면 최초의 희생자들은 바로 프랑스 대통령 때문에 희생되는 사람들일 것이다. IS가 탈취한 프랑스 미사일이 서구 지상군 차량의 보호막을 폭파시킬 것이기 때문이다.

밀란 미사일은 이미 시리아 전역에 퍼져 있다. 2014년 7월 체첸 지역의 살라피스트인 리우아 무하지룬 왈안사르Lioua Muhajirun wal-Ansar 조직은 서쪽 국경에서 이 미사일을 시험하면서 폭발 장면을 영상으로 찍기도 했다.[10] 프랑스의 '후한' 인심 덕분에 간접적인 득을 보고 있는 이 과격 급진파 부대는 IS의 현 군사 사령관인 아부 오마르 알시샤니에 의해 2013년에 조직되었다.

알칸츠, IS 최고의 엘리트 저격수 부대

알칸츠Al-kanz 부대는 IS의 저격수 부대이며 두 개의 기지를 갖고 있다. 첫 번째 기지는 2014년 8월에 시리아 라카에서 30km 떨어진 곳에 창설되었다. 또 다른 기지는 이라크 모술 근처에 있다. 알칸츠 부대는 IS 부대들 중에서도 뛰어난 사격 기술을 가진 것으로 유명하다. 추천을 받은 자만 이 부대에 입대할 수 있으며 IS 군사 중 그 누구도 단지 '한번 운을 시험해보기 위해' 스스로 자원할 수는 없다. 군사를 선발하는 데만 두 달에서 세 달 정도 걸린다. 알칸츠 부대에 있다가 자유시리아군에 다시 합류한 젊은 탈영병에 의하면 두 명 중 한 명은 시험에 통과하지 못한다고 한다.

알칸츠 탈영병 훈련 강도는 아주 높은 편이에요. 병사들은 어떤 상황에서도, 어떤 자세로도 사격할 수 있도록 훈련받고 있어요. 연막탄이 터지고 교관이 훈련병 바로 옆에서 칼라시니코프 소총을 연속으로 발사하는 동안에도 사격할 수 있어야 하고, 장딴지를 걷어차이거나 한밤중에 두들겨 맞아서 깬 직후에도 사격할 수 있어야 해요. 또 저격수들은 거리를 추정할 수 있어야 하고 한낮의 뜨거운 태양 아래서 물 한 병만 가지고 온종일 버틸 수도 있어야 해요. 15분마다 사격할 수 있어야 하고요. 우리를 담당한 훈련관은 아부 유세프 알마그리비Abu Youssef al-Maghribi였는데 모로코 외인부대 출신이에요. 그 훈련관이 자신의 전투

시절에 대해 늘어놓은 이야기들을 다 믿을 수는 없지만, 어쨌든 모든 무기를 완벽하게 다룰 줄 알고 프랑스어도 무척 잘하는 사람이었어요.

이러한 정보들은 아부 무스타파가 대략적으로 확인해주었다.

무스타파 훈련에 대한 구체적인 내용은 아는 바가 없지만 중요한 것은 이 병사들이 순교를 위해 훈련받는다는 사실이에요! 그러니까 급박한 상황에서 얼마나 집중할 수 있는지 시험하기 위해 선발 과정에서부터 병사들에게 고통을 가해요. 이런 것쯤은 교육관들에게 전혀 문제되지 않아요. 이 교육관들은 IS의 특수부대에 속해 있어서 당연히 사병들을 더 거칠게 다루죠! 프랑스어를 능숙하게 하는 그 교육관에 대해서도 전혀 놀랄 게 없어요. IS 저격수들은 반란군에 합류하기 전에 이미 이라크 전쟁 동안 미군한테서 훈련받은 군인들이에요. 지금은 미군에게 훈련받은 지식을 다른 병사들에게 전수하고 있지요. 시리아 혁명 초기부터 많은 전직 유럽 군인들이 우리 편에서 싸우고 있어요. 2013년 초에 라카에서 종종 마주쳤던 독일이나 네덜란드 출신으로 보이는 엘리트 저격수가 생각나네요. 그 저격수는 다른 저격수들과 함께 알칸츠의 새로운 신병들을 조직했어요. 우리는 외국 군인들의 전문가적 역량을 충분히 활용하고 있고요. 생각해보면 서구 군대가 우리 무자헤딘의 훈련관을 구성한 셈이지요! 알라는 위대하십니다!

그는 미소를 지으며 이야기를 마무리 지었다.

전직 IS 고위 간부인 아부 무스타파는 IS 전투에서 이 저격수들이 얼마나 중요한 역할을 하는지 다시 한 번 상기시켰다.

무스타파 알칸츠는 굉장한 전문가들로 이루어진 조직이에요. 이 조직은 바로 IS의 상징입니다! 전투가 시작되면 IS는 20명 정도 꾸려진 저격수 팀들을 최전방으로 보내요. 그들은 사방으로 흩어져서 일단 마을의 공급로를 차단할 겁니다. 그리고 전투가 진행될 동안, 머리를 들어 올리려는 모든 사람들에게 사격을 가해 공포 분위기를 조성하겠죠! 적군은 계속해서 위협감을 느끼게 될 테고, 바로 이러한 분위기가 적을 꼼짝 못하게 만들 거예요. 죽음을 두려워하는 적을 공격하는 데 공포는 총알만큼이나 효과적인 무기니까요!

알칸츠는 700여 명의 저격수로 구성되어 있다. 큰 규모는 아니지만 그들의 전략적 가치는 상당히 높다. 다른 모든 전쟁에서와 마찬가지로 경험이 많은 저격수들은 적군의 사령관을 사격 목표로 삼을 수도 있고 도로를 차단시킬 수도 있다. 또한 적군을 더 이상 도주 불가능한 곳으로 몰아넣어 분대 전체를 꼼짝 못하게 할 수도 있다.

모술 정복 이후 알칸츠 부대는 많은 고성능 무기들을 손에 넣을 수 있었다. 그때까지만 해도 이 부대는 소련의 드라구노프Dragunov 총으로 무장하고 있었지만, 이제는 사정거리가 상당히 길고 정확하며 탁월한 화력을 지닌 미국이나 영국의 무기로 무장하고 있는 것이다.

IS 방어의 선봉장, 국경 수비대

2014년 8월에 조직된 국경 수비대는 아부 무사브 알투르키Abu Musab al-Turki라고 불리는 터키 출신의 사령관이 통제하고 있다. 알투르키는 이전에 시리아 사법부 장관직을 잠시 맡았었고 그 전에는 IS 군대에 소속되어 알레포 전투에 2년간 참가했었다.

알투르키는 현재 1500명 정도의 군사들을 통솔하고 있으며 병사들의 수는 계속 늘어나고 있다. 이 부대의 공식적인 임무는 IS 영토를 '방어'하는 것이다. 그래서 당연히 이라크에서부터 터키 남부의 악차칼레 Akçakale 지방을 거쳐 알레포에 이르는 기나긴 터키와의 국경 지역에 배치되어 있다. 아부 무스타파의 말대로라면 2014년에 알레포와 더 남쪽에 위치한 타크바Taqba 사이에 또 다른 '국경 수비대'가 배치되었을 것이다. 이는 상대적으로 쉽게 IS를 침략할 수 있는 해안 지방의 적대 국가들로부터 보호하기 위한 조치이다.

이 수비대는 공식적으로 부여받은 임무 외에도 여러 임무를 수행한다. 외부의 침략에 대비해 국경을 지키는 것은 물론이고, 이 지역에서 많은 수익을 내는 밀매 활동을 잘 감시하는 것도 그들의 임무이다. 그리고 알투르키의 수비병들은 무슨 수를 써서라도 주민들이 그 지역을 떠나지 못하도록 감시한다.

마리아   알바그다디는 칼리프 국가 선포 이후 진정한 '베를린 장벽'을 세웠어요! 2013년만 해도 군인답지 못한 병사들은 바로 외부로 추방당했죠! 그런데 2014년 여름부터는 정신병적 편집증이 너무 심해져서 IS의 실상을 목격한 사람이라면 그 누구도 밖으로 내보내지 않고 있어요! 하물며 서구 사람들까지도요.

   아부 마리아가 말했다.
   이 조직의 극단적인 폭력성은 자국 병사들뿐 아니라 외국인들에게도 영향을 미친다. 2014년 2월, 하사카 근처의 마르카다Markada 마을에서 아부 무사브 알이라키Abu Musab al-Iraqi라는 사령관은 쿠르드족 기지를 공격하라는 명령을 내렸다. 공격 초기부터 군인들은 사령관이 자신들에게 거짓말을 하고 있다는 것을 깨달았는데, 그들이 실제로 공격한 것이 쿠르드족 기지가 아니라 알카에다 기지였기 때문이다. 전투는 중단되었고, 몇몇 병사가 항의하면서 전투에 나가기를 거부했다. 그러자 사령관은 병사 15명을 전투 현장에서 본보기로 처형했다. 희생자 중에는 두 명의 유럽인도 끼어 있었는데, 그중 한 명은 IS가 "전투에서 장렬하게 전사하다"라고 선전한 벨기에 사람이었다.
   2014년 6월에는 알부카말Al-Bukamal 마을에서 IS 병사들이 자유시리아군에 대항해 싸우기를 거부했다. 그 군대의 사령관인 아부 무사브 알이라키는 자유시리아군을 공격하기 전에 이전과 같은 방법으로 일곱 명의 지하디스트를 본보기로 처형했다. 몇 주 후 알이라키 본인도 희생자가 되고 마는 상황이 발생했다. 그는 아부 오마르 알시샤니에게 이의를 제기했다는 이유로 IS를 떠날 수밖에 없었다. 알이라키는 자브하트 알누스라(시리아 알카에다 — 옮긴이)에 잠시 피해 있었으나, 결국 알바그다디의 정보요원이 만든 함정에 빠지고 말았다.

2014년 9월 14일, 쿠웨이트인 한 명과 그의 군사 일곱 명이 알레포에서 처형당했다. 그중 무슬림 형제단Muslim Brotherhood을 배교자라고 여긴 아부 오마르 알쿠웨이티Abu Omar al-Kuwaiti는 무슬림 형제단에 대한 IS의 '공식 입장'에 이의를 제기했다. 그가 일개 병사라는 점을 고려해 이러한 의견 차이를 대수롭지 않게 여길 수도 있을 것이다. 그러나 IS도 지구상의 다른 모든 독재 권력과 다를 바가 없었다. 즉, 누구를 막론하고 어떤 의견이나 사상의 차이도 인정하지 않는 것이다. 결국 아부 오마르 알쿠웨이티는 알바브Al-Bab 마을에서 그의 병사들과 함께 처형되었다. IS 군대는 비난을 하거나 조금이라도 기강을 흔들리게 하는 행위를 한 사람들을 즉결 처형한다. 만약 그 대상이 외국인이라면 그들은 그저 "전쟁에서 전사하다"라고 발표할 뿐이다. 이는 새로운 지원병들이 미리부터 겁먹지 않도록 하기 위한 전략이기도 하다.

IS에서 처형당한 병사의 수는 셀 수도 없다. 이러한 사실은 탈주하려고 마음먹은 일부 병사들의 의지를 저하시키기에 충분하다. 알제리 출신의 독일인 아부 압둘라 알알마니Abu Abdullah al-Almani는 그의 부인과

네 자녀와 함께 해안 지방에 정착해 살고 있었다. 그가 거주하던 곳은 시리아에서 자유롭게 통행할 수 있고 가장 개방되어 있는 지역이었다.

마리아 그는 두려움으로 가득 차서 자신의 신변을 노심초사하며 걱정했고 무고한 시민들을 대량 학살하는 것을 더 이상 견딜 수 없다고 말했어요.

그를 잘 알았던 아부 마리아에 의하면 알알마니는 그가 '정신병자'로 여기는 지하디스트의 공격을 피하기 위해 그의 가족과 함께 터키로 탈출했다. IS에 가담한 젊은 프랑스인들이 손에 칼라시니코프 소총이나 절단된 머리를 들고 기뻐하는 모습이 담긴 영상들이 계속 '공식적으로' 유출되고 있기는 하지만, 조금이라도 정신이 제대로 박힌 사람들과 탈출에 성공한 사람들은 IS의 행태에 대해 한목소리로 비난하고 있다.

IS에서 활동했던 소말리아 출신의 한 병사는 여름에 이들리브를 통해 IS 점령 지역을 탈출하는 데 성공했다. 이들리브는 IS에서 탈출하기 원하는 사람들의 마지막 관문이다. 그 소말리아 병사는 현재 자유시리아군의 아라르 수리야Ahrar Suriya가 지휘하는 부대에서 싸우고 있다. 아부 마리아는 그에 대한 기억을 떠올리고는 웃으면서 이야기했다.

마리아 그 소말리아 병사는 자신이 살아 있다는 사실이 전혀 믿기지 않았나 봐요. 이들리브에 있는 은신처에 한 달 동안이나 은둔해 있었어요. 음식을 사기 위해 밤에만 간신히 나가곤 했어요. 마치 알바그다디가 직접 그를 쫓아다니는 것처럼요!

IS에 환멸을 느끼는 사람들은 많지만 그들의 불평은 절대 밖으로 새어나가는 법이 없다. 이 불만에 가득 찬 목격자들은 IS를 무슬림의 엘도라도로 묘사하며 젊은 여성을 포함한 유럽의 많은 젊은 청년들을 유혹하는 프로파간다에 방해가 되기 때문이다.

실제로 '지하드'에 합류하기 위해 떠난 젊은 여성들은 국경에서 멀리 떨어진 지역에 배치된다. 정보부의 모집원들은 인터넷상에서 뚜쟁이처럼 젊은 유럽 여성들을 꾀어내며, 그렇게 모집한 젊은 여성들은 전쟁터나 식당 또는 병원으로 절대 보내지지 않는다. 여성들은 도착하자마자 한 사람씩 일반 병사의 사무실에 배치되어 일종의 비서 역할을 하게 되는데, 이는 곧 그들이 치르게 될 강제 결혼의 준비 과정이다.

현재 IS의 국경 지역은 삼엄한 경비 태세를 갖추고 있어서 그 누구도 허가 없이 통과할 수 없게 되어 있다. 만약 탈영병이 또 국경을 넘는 일이 발생하면 그 즉시 모든 왕래는 금지된다. 아부 마리아는 이들리브 지역에서 직접 그 사실을 목격했다.

마리아 이제 지역 밖으로 나가는 사람을 점점 볼 수 없게 되었어요. 아부 무사브 알투르키의 수비대가 그 지역을 감시하고 있는 데다 정보부가 아주 엄격하게 일을 처리하고 있기 때문이에요. 판사들은 탈영병을 간첩처럼 취급하라는 명령을 받았기 때문에 그들을 붙잡는 즉시 십자가형에 처하고 있어요. 십자가형은 엄청난 고통이 장시간 지속되기 때문에 많은 사람들에게 겁을 주기에 충분하지요!

지금 현재 IS에 있는 외국인들은 절대 그곳을 떠날 수 없다. 이 정보는 내가 인터뷰한 모든 사람들에게 확인된 사실이다. 런던의 안젬 초우다리는 걱정에 가득 찬 목소리로 내게 말했다.

안젬 IS의 출입국 정책은 서구와 정반대예요! IS에는 입국 비자라는 것이 존재하지 않아요. 모든 무슬림은 아무 문제없이 IS로 이민 갈 수 있고 그곳에 정착할 수도 있지만 IS를 떠나려 한다면 '출국 비자'를 받아야만 해요. 하지만 지금까지 출국 비자를 받아서 돌아간 유럽인은 한 번도 본 적이 없어요.

IS의 사령관이었던 아부 무스타파도 똑같이 말했다.

무스타파 만약 당신이 IS를 떠나겠다고 요구하면 그건 곧 당신이 직접 사형선고를 내리는 것이나 마찬가지예요. 당신은 바로 사라질 겁니다. 유괴나 간단한 사형 집행, '강제'적으로 맡게 되는 자살 테러 임무 등……. 걸리적거리는 방해자를 제거할 방법은 얼마든지 있죠. 게다가 십자가형은 탈주를 원하는 사람들을 바로 단념하게 만드는 매우 효과적인 처벌 수단이에요. 그런데 여기서 중요한 건 탈출을 주선하는 대다수 사람들이 사실 IS의 정보부를 위해 일하고 있다는 사실이에요.

즉, 현재 국경 수비대를 관리하는 아부 무사브 알투르키가 IS의 열쇠를 쥐고 있다고 할 수 있다. 물론 아직도 모든 결정을 내릴 때 군의 통제를 받아야 하지만 알투르키는 정보부와 재정부 사령관들을 포함한 다른 사령관들에게 선망의 대상이다. IS에서 활동하는 나의 정보원인 타레크는 두 부서가 시리아에 있는 알투르키의 부대를 가로채기 위해 애쓰고 있다고 말했다.

타레크 재정부 장관은 밀매 행위를 관리하기 위해 국경 수비대를 자신의 통솔 아래 두려고 해요. 반면 정보부의 암니(비밀경찰)는 탈주자들에 대한 경계를 보강하고 국경 지역의 물자 흐름을 통제해 직접적인 수입원을 확보하기 위해 자신의 지휘하에 두려고 하죠. 즉, 정보부는 불법 작전을 위한 비자금 마련을 위해 수단을 모색하고 있는 거예요. 이것은 전 세계적인 현상이고 IS도 예외가 아닌 거죠.

알투르키는 재정부와 정보부, 이 두 부서 사이에서 점점 갈등 증폭의 원인이 되고 있다. 그리고 많은 사람들이 이러한 내부 경쟁을 IS의 아킬레스건이라고 여긴다. 그런데 알바그다디는 효과적인 통치를 위해 이러한 분열 상황을 오히려 방관하고 있다. 알바그다디는 국경 수비대에 관해 재정부나 정보부 그 누구의 결정에도 동의하지 않고 계속 경쟁하도록 방치하고 있는 것이다.

이러한 내부 갈등은 IS의 모든 영역에서 발생하고 있다. 그러나 세력 싸움과 내부 분쟁으로 IS가 스스로 침식하기를 기대하기는 어렵다. 이미 알바그다디는 그러한 상황도 계산하고 있으며 그런 일이 발생하도록 절대 내버려두지 않을 것이기 때문이다. 스탈린Iosif Vissarionovich도 이런 방식으로 죽기 전까지 30년 동안이나 권력을 장악했다는 사실을 기억해야 한다.

칼리프의 마지막 카드, 특수부대

특수부대는 IS의 마지막 부대로서 아주 중요한 역할을 한다. 이 부대는 아부 오마르 알시샤니가 직접 통괄하며 알시샤니가 이끄는 모든 전격작전에 동원된다. 2013년에 창설된 이 부대는 모술 함락 직전까지 600여 명의 병사들을 거느리고 있었다. 그리고 칼리프 국가 선포 이후 병력의 수는 거의 두 배인 1000명으로 늘어났는데, 새로 징집된 병사들의 대다수가 전쟁 경험이 많은 이라크 동부 출신이다. 알바그다디와 같은 지역 출신인 특공대원들은 틀림없이 중동 지하디즘(지하디스트 극단주의를 의미한다 - 옮긴이)의 떠오르는 별인 알시샤니까지 감시하고 있을 것이다. 무자비한 사냥개 무리들의 우두머리인 칼리프는 잠재적인 모든 경쟁자들에 대한 경계 태세를 게을리하지 않기 때문이다. 아부 오마르 알시샤니도 그중 한 명이다.

4 장

탄원 제도부터 십자가형까지,
IS 사법부

IS 사법부는 일반 시민들의 생활에 깊숙이 관여한다. 아부 무함마드 알아니Abu Muhammad al-Ani가 이라크 지역을 담당하고 있으며, 시리아는 아부 바카르 알카타니Abu Bakar al-Qahtani의 통솔하에 있다. 자브하트 알누스라의 대법관이었던 알카타니는 이슬람 교리를 문자 그대로 적용하고 해석하는 '지나친 근본주의적' 태도 때문에 2013년 알카에다에서 추방당한 인물이다. 이 극단적이고 폭력적인 광신자는 알바그다디의 조직에서 즉시 자신의 자리를 찾았다. 알카타니는 알바그다디 조직의 악질적인 권력 남용을 기꺼이 합법화하면서 마치 물 만난 고기처럼 활발하게 활동하고 있다.

사법부는 IS 영토에서 질서와 평화를 유지하는 역할을 하는데, 그중 가장 중요한 역할은 IS의 권위에 누구도 이의를 제기할 수 없도록 감시하는 것이다. IS의 정당성은 모두 코란과 순나Sunnah(관습)에 근거한다. 무슬림들은 이슬람을 정체성의 초석으로 여기기 때문에 코란과 순나를 적절하게 요리하기만 하면, 종교는 독재 권력의 정당성을 뒷받침해주는 이데올로기 역할을 하게 된다. 사법부가 바로 이 임무를 수행하는 것이다! 판사들은 항상 코란을 들먹이면서 칼리프의 결정이 이슬람에 부합한다는 판단을 내린다. 그리고 그 결정의 법적 유효성을 피력한다. 일상생활의 아주 사소한 문제에서부터 대량 학살까지, 사법부는 권력자들에게 권력 유지에 필요한 존경의 가면을 씌워주고 그들을 맹신의 대상으로 만든다.

이 책에서 핵심 정보를 제공해준 사람 중 하나이자, IS의 사령관이었던 아부 무스타파도 이집트 알아즈하르 Al-Azhar 지역에 있는 상당히 명망 높은 대학에서 샤리아를 공부한 사람이다. 그에 따르면 IS의 판사들은 그저 이 조직의 들러리에 불과하다.

무스타파 알바그다디는 조직의 겉모습을 번지르르하게 만들기 위해 이슬람을 이용하고 있을 뿐이에요. 진정한 칼리프 국가에서는 판사들이 최고의 권력을 가지죠. 그리고 샤리아가 모든 문제에 대한 해결책을 제시하기 때문에 이슬람은 새로운 법의 제정을 금하지요. 그러니까 샤리아대로라면 판사들은 사회의 중심이 되어야 합니다. 판사들은 지도자들의 결정이 이슬람 법 해석에 위배되지는 않는지 판단하기 위해 감시를 게을리하지 말아야 해요. 알바그다디가 오히려 판사들에게 복종해야 하지 그 반대가 되면 안 되는 거예요! 그런데 알바그다디는 판사들을 일개 하인으로 전락시켰어요. 그들은 고작 군대와 정보부의 결정을 정당화시키는 역할이나 하고 있는 거예요. 이 '칼리프'는 이슬람을 위해 헌신하는 사람이 아니에요. 사실 그는 자신의 목적 달성을 위해 이슬람을 이용하고 있는 거라고요! 자, 이제 내가 왜 떠났는지 아시겠지요?

아부 마리아에 의하면 IS의 판사들은 이슬람에 위배되는 지침들을 버젓이 실행하고 있다. 나는 내 친구인 아부 마리아의 말을 믿을 수밖에 없었다. 왜냐하면 그는 전직 IS 사령관이자 현재 알카에다 사령관이고 열렬한 살라피스트이기 때문이다. 그가 종교에 관해서 너그러운 태도를 보인다는 것은 있을 수 없는 일이다.

마리아 이슬람 율법대로라면 평상시에는 판사가 일반 주민을 처벌할 수 있어도 전쟁 시에는 처벌하면 안 됩니다! 폭탄이 떨어지고 있는데도 배가 너무 고파서 먹을 걸 뒤질 수밖에 없는 시민들의 팔을 무작정 절단할 수는 없잖아요! 샤리아에는 전쟁과 같은 특수 상황에서 평소의 처벌 규정을 적용하면 안 된다고 분명히 명시되어 있어요. 이것은 IS가 계속해서 평상시처럼 적용하고 있는 모든 처벌 규정에 해당됩니다. 샤리아에 어긋나는 IS의 이런 비타협적 태도는 이슬람과 전혀 상관이 없어요. IS는 테러 정치에 목적이 있는 거예요. 즉, 테러 정치를 통해서 반론을 제기하는 자들의 입을 막고 시민들을 온순하게 만들다 못해 두려움에 떨게 하고, 무조건 복종하게 만들기 위해서지요.

실제로 IS의 처벌 방식은 굉장히 잔인하다. 이슬람 마그레브 알카에다 지부AQIM: Al-Qaeda in the Islamic Maghreb와 사헬Sahel(아프리카 사하라 지역 – 옮긴이) 지역의 다른 살라피스트 분대들이 말리 북부 지역을 점령했을 때, 그들은 '단지' 두서너 번의 참수형을 집행했을 뿐이다. 지하디스트들은 "전쟁 시에 지역 주민들의 지지를 잃지 않기 위해 샤리아를 너무 급진적으로 적용하지는 마라"는 지시를 받는다. 아부 마리아가 설명한 그대로다. 그러나 IS가 점령한 시리아와 이라크에서는 정반대의 현상이 벌어지고 있다. 하루도 빠짐없이 IS의 시민들은 칼리프가 휘두르는 가혹한 행위를 참아내야 하는 것이다.

테러의 도구로 사용되는 사법기관

IS 사법기관이 휘두르는 공포정치는 상당히 정교한 조직 구조를 토대로 발현된다. 각 마을에는 여러 종류의 판사가 있고, 그 판사들은 임무를 수행할 때마다 항상 이슬람 경찰의 수행을 받는다. 이 판사들의 임무는 질서를 유지하고 반대자들을 진압하는 것이다. 샤리아에 따라 불복종자들을 처벌하는데, 이때 한번 당하면 절대 잊을 수 없는 극도의 폭력성과 잔인성이 동반된다. 이 판사들의 세 번째 임무는 다른 기관들, 특히 군대가 저지른 비리를 덮는 것이다. 판사들은 이러한 비리들이 항상 '이슬람에 적합하다'고 증명할 만한 정당성 있는 근거와 그럴듯한 문구를 찾아내야만 한다. 이후에 또 설명하겠지만 이러한 잔혹 행위들은 아무런 저항 없이 그럴듯하게 포장되어 자행되고 있다.

IS 점령 지역에는 중앙행정부 기관에 속하지 않는 이슬람 경찰(슐타트 이슬라미야Shultat Islamiya) 요원들이 곳곳에 배치되어 있다. 판사들은 이들을 직접 모집할 권한이 있으며 사법부 예산에서 보수를 지급한다. 아부 무스타파가 추측하기로는 IS 점령 지역인 라카에만 200명가량의 이슬람 경찰이 활동하고 있다고 한다. 이들은 모두 그 지역의 사법부 핵심 인물인 타레크 알지불리Tarek al-Jibuli에 의해 선발된 경찰들이다.

이슬람 경찰들은 판사를 보좌하는 업무 외에도 야간 순찰을 담당하며 마을 입구 여러 곳에 바리케이드를 설치하는 임무를 수행한다. 이들은 IS 군대와 달리 대부분 해당 지역과 그 지역 주민들을 잘 알고 있는, '지역'에서 선출된 요원들이다.

칼리프의 효과적인 억압 도구, 거리의 재판관들

IS 전역에는 주민들을 전반적으로 감시하는 여러 종류의 판사가 있다. 먼저 카디 히스바Qadi Hisbah는 문자 그대로 '거리의 재판관들'이다. 아침부터 저녁까지 거리를 돌아다니며 교리에 어긋나는 아주 사소한 행동이나 권력에 불복종하는 행위를 모두 적발하는 것이 그들의 임무다. 이 '거리의 재판관들'을 목격한 사람들은 모두 그들이 광신적이며 매우 폭력적이라는 사실에 동의한다. 아부 무스타파는 경멸하는 어조로 그들에 대해 말했다.

무스타파 그들은 사법 조직의 최하위 계급에 속하는 사람들이에요. 이슬람법에 능통하다거나 머리가 좋아서 선출된 것이 아니라 사디스트적 성향이나 싸움꾼 같은 기질 때문에 선출된 사람들입니다. IS 점령 지역에 있는 시리아와 이라크 주민들이 겪고 있는 어려움을 생각한다면 알바그다디는 이 '재판관들'의 도를 넘어선 충성심에 제동을 걸어야 마땅해요. 그런데 알바그다디는 도리어 그들에게 백지수표를 던져 주고 더 극단적으로 행동하도록 부추기고 있어요. 결국 거리의 재판관들 대다수는 사람들 사이에 두려움과 공포가 확산되기만을 바라고 있는 거예요. 그래서 더 극단적으로 행동하고 알바그다디의 명령을 문자 그대로 수행하는 거죠.

다른 판사들과 달리 카디 히스바는 '현장'에서 형벌을 집행한다. 소송도 체포도 없다. 그들은 가혹한 육체적 징벌을 현장에서 집행할 뿐이다. 노래하는 행인에게는 간단하게 규칙을 상기시켜주는 정도지만 몸 전체를 덮개로 가리지 않은 여성들은 심문이 진행되는 동안에도 채찍질을 당할 수 있다. 말다툼이나 사소한 사건에 대해서도 폭력이 동반된 처벌이 내려지는데, 종종 광장이나 위법행위가 발생한 장소에서 수십 대의 매질을 당하게 된다. 라카에서는 판사 앞에서 도망친 한 남자의 이야기가 전해지고 있는데, 그 남성은 라마단 기간에 음식을 먹었다는 이유로 한 이웃에게 고발당한 사람이었다. 카디 히스바와 이슬람 경찰 요원들은 총을 발사해 길 한가운데서 그 도망자를 쏘아 죽였다. 근처 구멍가게 점원들에 의하면 그 사람은 단지 자신의 가게 계산대 뒤에서 사과 한 개만을 먹었을 뿐이었다.

거리의 재판관들은 신의 왕국으로 가장한 IS 독재 권력의 진정한 보조자로서 시민 억압의 앞잡이 노릇을 톡톡히 하고 있다. 실제로 그들은 샤리아를 완벽하게 적용한다는 구실 아래 주민들 사이에 긴장감을 끊임없이 조성한다. 이러한 긴장감은 주민들이 법에 저촉되는 행위를 감히 시도도 할 수 없을 만큼 두려움에 떨게 하지만, 그렇다고 반란을 일으킬 만큼 과한 것은 아니다. 아무리 폭력적인 법일지라도 그 법이 이슬람을 그대로 반영하는 것이라고 최고 권력자가 주장하면 어떻게 그 법에 반기를 들 수 있겠는가?

거리의 재판관들은 IS 내에서 장밋빛 미래를 보장받고 있는 것 같다. 이 때문에 카디 히스바의 숫자도 계속 증가하고 있다. 2014년 10월 초 모술에서만 30명 이상의 카디 히스바가 활동하고 있었고 IS 전체적으로 이들의 그물망이 더욱 촘촘해지고 있다. IS의 이맘들은 2주 단위의 기간제로 근무하는 새로운 거리 재판관들을 모집하고 있으며, 많은 이슬람 경찰 대원들은 아무 자격도 필요 없는 이 자리에 지원을 권유받고 있다. 알바그다디는 샤리아 집행관인 그들의 역할을 잘 파악하고 있는 듯하다. 실제로 거리의 재판관들은 알바그다디의 공포정치를 아주 효과적으로 강화시키고 있다.

'왜곡된 샤리아' 집행자, IS의 일반 판사들

두 번째 범주에 속하는 이 판사들은 무자비한 폭력성과는 거리가 멀다. 카디암Qadi'Am 또는 '일반 판사'라고 불리는 이들은 진정한 지식의 소유자이며 샤리아에 대한 심오한 이해를 바탕으로 활동한다. 그들은 길거리를 돌아다니며 감시하지도 않고 고소당한 사람들을 직접 매질하지도 않는다. 그 대신 그들은 모든 범죄행위에 대해 항상 최고형만을 내린다. 그들은 교육받은 사람들임에도 IS가 저지르는 모든 범법 행위를 지지하는 사람들인 것이다. 그들의 임무는 성격이 전혀 다른 두 개의 영역으로 나뉜다. 우선 그들은 거리의 재판관과 달리 중범죄를 심판할 권한이 있다. 예를 들어 절도나 살인의 경우, 일반 판사들은 이슬람 판례에 따른 여러 가능성을 확인도 하지 않은 채 단지 샤리아에 나와 있는 기준에 따라 형벌을 선고한다.

23세의 하산Hassan은 시리아인이며, 현재 터키로 망명한 상태다. 대꼬챙이처럼 마른 알무하산Al-Muhasan 출신의 이 젊은 청년은 이쑤시개로 케밥 탁자를 고정시키면서 내게 자신이 겪은 일들을 이야기해주었다. 터키로 오기까지 기나긴 여정 동안 그는 라카에서 약 2주간 머문 적이 있는데, 그는 이 짧은 기간에만 아홉 건의 처형 장면을 직접 목격했다고 말했다.

하산 물론 더 많은 사람들이 처형을 당했겠지만 제가 목격한 것만 말씀드리는 거예요.

처형 장면에 대한 기억보다 자신이 먹고 있는 샌드위치에 더 집중하면서 그는 어깨를 올리며 이야기했다.

하산의 말에 의하면, 처형된 사람은 총 아홉 명이고 그중 일곱 명이 일반 시민이었으며, 성별로 보면 여자 한 명과 남자 여덟 명이었다. 첫 번째 희생자는 간통죄로 고소당해 유프라테스Euphrates 강변에서 투석형을 당한 여성이었다. 하산의 설명에 따르면 그 여인은 사실 강간을 당한 희생자였다. 그녀를 강간한 사람도 똑같이 투석형을 당했는데, 만약 그가 기혼자가 아니었다면 그는 몇 대의 채찍질로 형을 대신할 수도 있었을 것이다. 나머지 사람들 중 네 명은 살인죄로 참수형에 처해졌고, 다른 세 명은 "칼리프에 대항해 질서를 전복시키는 행위"를 했다는 이유로 십자가형에 처해졌다.

IS에서 이제 십자가형은 아주 일상적인 관행이 되었다. 심지어 매일 마주치게 되는 아주 흔한 일처럼 되어버렸다. 많은 무슬림들과 서구 이슬람 전문가들은 십자가형이 '이슬람에 위반된다'고 거세게 비판하지만, 현재 여기저기서 들려오는 온갖 형태의 프로파간다들이 우리의 눈을 가려 진실이 무엇인지 분간하지 못하게 만들고 있다. 알바그다디는 이슬람을 그럴듯하게 포장해 권력 강화의 도구로 이용하는 반면, 유럽식의 정치적 올바름political correctness을 떠벌리는 사람들은 근본적으로 정복과 패권을 중심으로 돌아가는 (적어도 살라피스트들에게) 이 종교를 약화시킬 방법을 계속 찾고 있다. 그러나 이슬람을 그 원래의 모습대로 보기를 거부하는 것, 즉 이슬람을 폭력적이고 억압적인 이데올로기로만 보는 것은 현실을 거부하는 행위이기에 결국 우리에게 악영향을 미칠 수 있다. 게다가 어처구니없게도 이러한 편협한 시각은 테러를 일으키는 가장 급진적인 무슬림에게 좋은 구실로 이용될 수 있다. 사실 생각해보면 무척 어리석은 짓이다.

아부 마리아는 십자가형이 '이슬람에 전혀 위배되지 않는 정당한 형벌'이라고 설명해주었다. 실제 십자가형에 대한 내용은 코란 5장 33절에 분명하게 나와 있다. 코란에는 이 형벌이 국가의 안전을 훼손하는 모든 범법자에게 적용된다고 나와 있다. 하산과 나눈 이야기를 아부 마리아에게 들려주었더니 그는 다른 관점에서 설명하기 시작했다.

마리아 전쟁으로 황폐해진 상태에서는 이런 형벌을 적용하면 안 됩니다! 일반적인 관점에서 보면 당신이 이야기한 형벌들은 절대 샤리아의 원칙에 어긋나는 것들이 아니에요. 하지만 당신도 아시다시피 십자가형 집행 건수가 폭발적으로 증가하고 있잖아요! 바로 '국가 안전 침해' 죄목을 여기저기에 다 적용하기 때문이죠. IS는 모든 형태의 항의를 이런 식으로 진압해버리고 있어요. 암니들은 단 1초도 쉬지 않고 소송자료를 처리하고 있고, 국가 안전 침해죄로 고소된 '음모자'들도 사법기관을 거치기는 하지만 그저 형식적인 절차일 뿐입니다. 고발되고 체포된 사람들은 며칠 동안 심한 고문을 받다가 무슨 불결한 부랑자 취급을 받으면서 판사 사무실에 내던져져요! 십자가형 수는 IS의 내부 정치 상황을 그대로 반영한 것입니다. IS는 결국 공포와 과대망상증에만 의존해서 운영되고 있는 거예요.

정보부 요원이 잡아온 음모자들을 제거하고 항상 최고형을 내리는 것이 일반 판사들의 주된 임무이지만, 때로 이들은 비무슬림으로 간주되는 시민들이나 국경 지역에서 체포한 군인들에 대해서도 처벌을 내린다. 남자, 여자, 심지어 아이들까지도 재판 없이 현장에서 즉각 처형당한다. 처형 후에 내려진 판결 내용을 보면 그 내용이 말도 안 되기 때문에 실소를 자아내게 하지만, 어쨌든 누구나 판결이라도 받고 처형되기를 원하고 있다.

학살을 정당화하는 판사들

아부 이스마일Abu Ismail은 자유시리아군과 함께 알레포에서 투쟁한 IS 군사였다. 이스마일이 전해준 바에 따르면, 라카에서 활동하는 수석 판사 타레크 알지불리는 기존 병사들은 알고 있지만 새로온 지원병들은 모르는 사실들을 알려주기 위해 군 기지를 정기적으로 방문한다. 그의 교육에 참여했던 아부 이스마일이 나에게 교육 내용을 설명했다.

이스마일 시아파는 예언자 무함마드 사후의 다른 계승자보다도 무함마드의 사촌인 알리Ali를 정당한 후계자로 여기는 이슬람 종파예요. 이 분파에 대해 알바그다디가 취하는 입장은 확고해요. IS는 샤리아의 일부만 강조하는데, 특정 부분만 특화시켜서 프로파간다에 이용하기 위해서지요. 이슬람 권위자들이 라카의 신병들에게 하는 이야기를 요약하면 바로 이렇습니다. 시아파는 이슬람(수니파)에게서 자발적으로 등을 돌린 무슬림이기 때문에 결국 모두 배교자들이라는 것이죠. 배교 행위는 최고 형벌로 처벌됩니다. 오직 하나의 처벌, 즉 사형만이 내려져요. 결과적으로 보면 전시나 휴전기에 만나게 되는 모든 시아파들은 그들이 저지른 행위 때문이 아니라 단지 그들이 시아파라는 이유 하나로 처형됩니다. 바샤르 알아사드의 병사들은 수니파에 속하기 때문에 위법행위를 저지를 때에만 고소당하지만, 시아파 병사는 단지 그가 신과 무함마드의 말씀을 배신했다는 이유만으로 고소당하고 있어요. 우리는 시아파 마을을 공격할 때 그 마을을 약탈하는 것은 물론이고 마을 전체를 초토화시킵니다. 그리고 마을 주민들을 완전히 몰살하기 위해 마지막 한 사람까지 쫓아가서 잡아야 해요. 이것은 샤리아를 따르는 모든 무슬림에게 일종의 의무입니다. 길게 설명할 필요도 없이 지하디스트를 상대로 싸우는 이라크와 시리아 군대의 시아파 군사들에게 이보다 더 무서운 저주는 없어요.

마리아 IS는 말 그대로 미친 소용돌이에 휩쓸리고 있어요! IS에게 시아파들은 모두 사라져야 할 존재라고요!

아부 마리아는 곧이어 이렇게 덧붙였다.

마리아 알카에다는 그런 식으로 행동하지 않아요. 내가 통솔하는 이들 리브와 라타키아 인근 마을에서는 시아파나 알라위트Alawite파(시아파의 한 부류 - 옮긴이) 사람들이 아주 정상적으로 생활하고 있어요.

필자 그 마을 이름이 무엇이지요?

마리아 다이르앗자우르, 루크네이Louknei, 아다르Adar, 이크딘Ikdin 등이에요. 우리는 그들의 신변을 보호하고 있고, 바샤르 알아사드 부대와 잘 협조하는 한 그들은 절대적으로 안전하다고 할 수 있어요. 함께 살아가는 데 전혀 문제가 없어요. 그런데 IS는 그들을 전부 죽이려고 하잖아요.

IS 관념론자들은 시리아의 다른 저항군에 대해 다른 논리를 적용한다. IS와 동일하게 수니파에 속한 자유시리아군 병사들은 칼리프에게 충성을 맹세할 경우, IS 군대에 합류할 수 있는 기회가 주어진다. 그와 동시에 그들은 기존에 누리던 자유, 시아파, 기독교인과의 평화로운 공존, 그리고 심지어 가끔 만나는 민주주의나 남녀평등을 권장하는 옛 전우들을 떠나야만 한다. 물론 IS의 판사들은 이러한 의견들이 서구의 무기와 보조금을 얻기 위한 자유시리아군의 아첨에 불과하다고 주장한다(일리가 있긴 하다!). 즉, 이러한 헛소리를 지껄이는 조직들과 연맹을 맺는 것은 불가능하다. 단지 '이슬람의 올바른 길'로 들어서기를 결심한 개개 병사들의 합류만 허용될 뿐이다.

만약 자유시리아군 병사가 IS에 합류하기를 거부하고 그들의 군대로 되돌아갈 경우, 바샤르 병사들에게 행한 것과 같은 잔인한 방법으로 보복이 가해진다. 더군다나 분리의 원칙(이교도와 연합을 금지함 - 옮긴이)을 위반한 배반자에 대한 보복은 더욱 잔인하다. "알 왈라아 와 알 바라Al Walla'a wa Al bara (협력과 철회)." 이것은 무슬림이 자신의 형제들을 공격하기 위해 이교도들과 연합하는 행위를 금지하는 조항이다. 이교도와 연합하는 것은 사형을 면하기 어려운 아주 심각한 배교 행위에 속한다. 물론 항소도 할 수 없다.

간단히 말해 새로 온 IS 지원병이 마주하게 되는 상황은 아주 명확하다. 그들은 '이슬람의 동의하에' 마주치는 모든 적군을 포함해 누구든 죽일 수 있는 권한을 부여받는다. IS의 판사들이 바로 이러한 논리를 구상해냈다. 그것은 IS로부터 살인과 약탈, 그리고 말도 안 되는 집단 학살을 피해 도망치는 피난민의 물결을 정당화하기 위한 것이다. 그들은 정당화를 위해 항상 샤리아와 코란을 인용한다!

인터뷰가 진행되는 동안 나는 야지디Yazidi(이라크의 종교 민족 집단 - 옮긴이)의 운명에 대한 상당히 상반된 정보를 접할 수 있었다. 야지디는 IS 병사들에 의해 조직적으로 학살당했다고 전해진다. 가지안테프에서 미국 정보원으로 활동하는 사마드는 다음과 같이 전했다.

사마드 현재 야지디들이 IS에게 학살당했다고 뒷받침할 만한 증거는 아무것도 없어요. 시아파와는 정반대 상황이에요. 7만 명가량의 야지디 피난민들이 IS가 통제하는 지역에서 탈출했다고 들었어요. 그러니까 야지디가 지하디스트에게 단체로 학살되었다는 것을 확인할 방법은 없는 것 같아요.

IS 병사였던 이스마일도 사마드와 똑같은 의견을 피력했다. 그의 말에 따르면 라카의 판사들은 야지디를 무슬림이 아니라고 판단한다. 만약 야지디가 배교자가 아닌 이교도로 취급된다면 야지디가 생존할 가능성이 열리는 것이다. 즉, IS는 야지디를 사형시키기보다 기독교인들과 같이 그들에게 개종하기를 권유하며 지역의 사령관이 정한 세금을 내도록 종용한다는 것이다.

그러나 이라크 북부 지역의 거주자들과 IS 정책에 대해 잘 알고 있는 타레크는 이 모든 것이 소용없는 짓이라고 주장했다.

타레크 세금은 절대로 사람들의 소득에 비례하거나 IS의 필요에 따라 징수되지 않아요. 일단 IS 군사들은 수니파에 속하지 않는 소수민족 마을을 점령한 뒤 아주 조직적으로 약탈해요. 군인들은 야지디의 모든 것을 하나도 남기지 않고 강탈하는데, 여자들은 노예처럼 팔리거나 아니면 개종을 원할 경우 그 여자를 원하는 첫 번째 지하디스트와 결혼시켜요. 남자들은 일반적으로 개종을 거부하는데 그렇게 되면 결국 그 마을 구덩이에서 생을 마감하게 되는 것이죠. 살아남은 사람들도 모두 외출이 금지된 폐쇄된 건물에 갇히게 되고요.

가지안테프의 미국 정보원인 사마드가 들려준 이야기보다 타레크의 우울한 이야기가 더 진실에 가깝다는 것이 밝혀졌다. 2014년 8월 15일에 IS는 이라크 북부에 있는 코조Kojo로 진입했다. 지하디스트들은 마을 위원회 앞에서 야지디 사람들에게 개종할 것을 강요했다. 나이 든 마을 사람들은 개종을 단호히 거부했고, 지하디스트들은 이들을 운송한다는 명목으로 트럭에 싣고 간 뒤 운송 도중 처형했다. 모두 80명이었다. 100여 명의 여성들은 사라지거나 노예로 팔렸다.

개종을 받아들인 100여 명의 야지디들은 다이르앗자우르 근처 유전 지역의 어느 행정부 건물에 갇혀 있다고 타레크가 전했다. 타레크는 IS 전역에 그와 비슷한 감금 장소가 몇 군데 더 있으며 군대가 삼엄하게 감시하고 있다고 했다.

타레크 아무도 그들이 개종했다고 믿지 않아요. 그들은 여전히 수니파를 중오하고 있고 기회만 있다면 언제든지 등을 돌릴 사람들이에요. 그래서 IS는 그들을 죄수처럼 감금하고 있는 거죠.

야지디들이 살생에 목마른 침략자들에게 대항해서 살아남을 수 있는 유일한 방법은 그들의 신앙과 자존심을 던져버리는 것이다. 그러나 완전히 복종해서 목숨은 건질 수 있겠지만, 그 대가로 그들이 견뎌내야 하는 것은 시아파들조차 꺼리는 비참함이다.

IS의 안전장치, 탄원 담당 판사

IS에는 카디 막달렘Qadi Makdalem이라는 세 번째 유형의 판사가 있는데 이들은 일명 '탄원 담당 판사'다. 이들의 역할은 주민의 탄원서를 접수하는 것이다. IS와 그의 대리인들에 대한 불만을 적은 탄원서를 말이다! 즉, 카디 막달렘은 억압이 충분하지 않을 경우 터져 나올 수 있는 주민들의 불만을 배출시키는 안전장치와 같은 역할을 한다.

법적 제재에서 자유로운 칼리프와 고위 관리들을 제외한 나머지 사람들을 위해 IS의 법원은 어느 정도 기능을 발휘하고 있으며 손쉽게 주민들의 호감을 얻을 수 있는 제도를 허용하고 있다.

튀니지 출신의 어느 지하디스트는 하사카 지역에서 시리아 여성을 강간한 죄로 돌에 맞아 처형당했다. 그 사건 당시 시리아의 카디 막달렘은 신속히 일반 판사에게 서류를 넘겼고 일반 판사들은 며칠 내로 형을 선고했다. 어느 누구도 이 외국인 군사를 위한 특별 대우를 요청하지 않았다. 강간에 대한 처벌이 샤리아에 어떻게 명시되어 있는지 잘 아는 그의 동료 군인들과 지휘관들은 모두 함구했다.

그러나 탄원 담당 판사는 자칫하면 주민의 신임을 현저히 잃어버릴 수도 있는 떳떳하지 못한 또 하나의 임무를 맡고 있다. 바로 주민들이 낸 개개의 탄원을 즉시 정보부에 제보하는 것이다. 정보부는 탄원 담당 판사에게서 광범위한 조사 자료를 입수한 뒤 체포에 착수하기를 선호한다. 이것은 일종의 '예방' 차원 조치로서 탄원이 얼마나 위험한 것인지를 본보기로 보여주고, 이의를 제기해서 얼마나 위험해질 수 있는 지를 보여주기 위함이다.

25세의 하팀Hatim은 라카 인근 알마야딘Al-Mayadin 마을 출신이다. 나는 그를 2014년 9월 악차칼레에서 만났다. 악차칼레는 IS 기지에서 수십 미터 떨어진 터키에 위치한 아주 작은 아랍 마을이다. 아주 더럽 고 음침한 기운이 도는 이 마을은 시리아와 마주해 있으며 마을 전체가 알바그다디의 부하들에 의해 통제되고 있다. 지금은 차단되었지만 이 마을에서 국경을 가로지르는 도로를 계속 직진해서 내려가다 보면 라 카에 이르게 된다. 라카는 대략 2년 전에 IS의 차지가 되었다. 하팀은 2014년 8월까지 이 마을에서 살았다고 했다. 하팀은 탄원 담당 판사를 만난 적이 있으며 그로 인한 몹시 씁쓸한 기억을 간직하고 있었다.

하팀 저의 형님은 알레포 근처에서 자유시리아군과 함께 전투에 참가 했어요. 종종 IS 군대를 상대로 전투하기도 했고요. 처음에 제 형은 바 샤르를 상대로 싸우려고 저항군에 합류한 것이었는데 상황이 계속해 서 변했어요. 현재 시리아는 여러 적들을 상대로 싸우고 있고, 그중 가 장 위험한 단체인 IS는 꼭 우리 편(자유시리아군)인 것처럼 하면서 시리 아를 상대로 전쟁을 벌이고 있어요. 알바그다디는 매사에 거짓말만 늘 어놓아요. 저는 그가 신을 실제로 믿는 건지 의심스럽습니다. 알바그 다디는 완전히 미쳤거나, 무시무시한 모략가일 겁니다. 아니면 그 둘 다이거나요!

이 젊은이는 커피 잔을 응시하며 생각에 잠겼다.

하팀 6번 국도에서 검문이 있었는데 병사들 중 한 사람이 우리 형을 보고는 형이 자유시리아군 소속이었던 것을 알아챘어요. 검문하던 모든 병사가 갑자기 언성을 높이기 시작했죠. 자기 동료 중 몇 명이 자유시리아군의 총격에 맞아 죽음을 당했다면서 갑자기 병사들이 흥분하기 시작했어요. 그게 바로 우리 형의 소행일 수도 있다면서요! 그들은 갑자기 형을 폭행하기 시작했고 우리 아버지가 말려보려고 애썼어요. 무슨 일이 일어났는지 정확히 기억은 안 나지만 그중 하나가 총을 세발이나 발사한 것은 기억나요. 그리고 그 총에 우리 아버지가 맞았고요. 아버지는 배와 다리에 총을 맞고 쓰러졌어요. 병사들은 구타를 멈추고 아버지를 병원으로 데려가라고 명령했고, 무고한 사람을 총으로 쏜 것에 대해 별로 걱정하는 눈치가 아니었어요. 그리고 우리 아버지는 그리고 몇 분 후에 운명하셨어요 ……. 마을에서 아주 멀리 떨어진 곳에서요.

하팀은 이야기를 이어가기 전에 깊게 숨을 한번 들이쉬고는 이를 악물었다.

하팀 저는 그 사람들을 찾아서 한 사람씩 죽이고 싶었어요. 그런데 저의 절친한 친구가 말리면서 탄원 담당 판사에게 가보라고 하더군요.

별 기대 없이 저는 상황을 설명하기 위해 법원에 갔어요. 이 사건은 살인에 관한 것이었고 저는 그저 법이 공정하게 적용되기만을 바랐어요. 정의가 실현되어서 그들이 처형당하는 모습을 보고 싶었어요 …….

그는 머리를 흔들며 눈을 아래로 깔았다. 그러고는 평정을 찾기 위해 담배에 불을 붙였다. 그 기억들이 아직도 그의 머릿속에 생생하게 살아 있는 모양이었다. 그가 다시 이야기를 시작할 때까지 기다리는 동안, 나는 자동차 운전자들에게서 동전 몇 닢을 받기 위해 길거리를 활보하며 크리넥스 티슈를 파는 시리아 걸인들을 구경했다.

하팀 탄원 담당 판사는 혼자서 이 사건을 담당하기 싫어했어요. 그는 사태의 심각성을 보고 저를 그의 상관인 다른 판사에게 넘겼어요. 그 판사는 자신을 아부 자랄Abu Jalal이라는 전쟁 시에 사용하는 가명으로 소개했죠. 그 판사는 40세 정도로 수염이 길었고 허리에는 미국 권총이 꽂혀 있는 권총집을 차고 있었어요. 몇 분 동안 제 이야기를 주의 깊게 듣긴 했지만, 처음부터 그의 생각에 변함이 없다는 것을 느낄 수 있었어요. 제가 무슨 이야기를 하든 그 사람은 틀렸다고 할 걸 알았죠. 저는 그것을 직감적으로 알 수 있었고 또 느낄 수 있었어요. 이야기가 끝나자 그가 딱 한 가지 질문을 던졌어요. "당신은 진정한 무슬림이라고 하면서 이슬람의 자랑스러운 무자혜딘을 비난하는 겁니까? 그러니까 당신은 지하드의 깃발 아래서 싸운 적도 없다는 겁니까? 당신은 개나 다름없어요!" 제가 대답하기도 전에 이슬람 경찰들이 저를 그 방에서 끌어내 감옥에 가두었고, 그다음에 무슨 일이 일어날지 전혀 알 수 없었어요. 저는 그때 장례식도 치르지 못한 우리 아버지에 대한 생각으로 꽉 차 있었고, 나도 IS가 이 마을을 점령한 뒤 사라진 수많은 사람들 중 하나가 되는 건가 하는 생각이 들었어요.

2013년에 라카에서만 600여 명이 납치되었고 그중 40명도 채 안 되는 사람들만 풀려났다. 다이르앗자우르에서는 2014년에만 1500명이 사라졌다. 그리고 불행하게도 사람들은 계속 실종될 것이다.

하팀 넘지 말아야 할 선을 넘어버렸구나. 혼자서 그렇게 생각했어요. 다른 모든 독재 권력 체제에서처럼 무엇을 잘못했는지 깨닫기도 전에 넘지 말아야 될 보이지 않는 선을 넘으면 제거되는 운명이구나 하는 생각이 들었어요. 그들이 감방에 찾아왔을 때 벌써 그런 생각을 하고 있었어요. 나는 죽겠구나. 좀 운이 좋으면 고통스러운 심문과 장시간의 체벌을 피할 수는 있을 거라고 생각했죠. 그런데 솔직히 말하면 그 순간, 그 모든 게 별로 중요하다는 생각도 안 들었어요. 아마도 아버지의 죽음이 너무 많은 충격과 스트레스를 주어서 나머지 일은 모두 잊어버렸나 봐요. 사람들은 저를 아무 말도 하지 않는 어떤 두 남자와 함께 자동차에 태웠어요. 우리는 15분쯤 달린 후에 큰 강가에 있는 대저택에 도착했어요. 그 저택은 은신처로 사용되는 곳이었는데 거실에는 아주 낡은 소파와 매트리스가 깔려 있었고 알자지라 방송이 나오는 텔레비전이 한 대 있었어요. 그리고 30대로 보이는 한 남자가 샌드위치를 게걸스럽게 먹으면서 저한테 의자에 앉으라고 고갯짓을 했어요. 그가 누구인지는 알 수 없었지만, 그를 보자마자 그가 정보부 소속의 비밀경찰, '암니'라는 걸 알아차릴 수 있었죠. 시리아에는 암니들에 대한 속담이 있어요. "암니들은 꼭 구르는 공과 같다. 그 공이 눈에 보였을 때는 이미 모든 것이 늦은 것이다." 올리브색 외투를 입은 그 남자는 상당히 작고 통통한 편이었고 하얀 피부에 듬성듬성 수염이 길게 나 있었어요. 그가 군인이 아니라는 것은 단번에 알아볼 수 있었죠. 그는 무기도 소지하고 있지 않았어요. 물론 그 방에 있는 다른 사람들은 무장하고 있었고요. 샌드위치를 다 먹자 그가 저에게 아주 침착한 어조로 상황을 설명하기 시작했어요. "오래전부터 너를 배신자로 주시하고 있었는데, 감히 탄원서를 제출하다니! 우리는 이미 네 형을 배반자로 생각하고 있었어. 그런데 이제 너도 우리 군인들과 싸움질을 하고 있잖아! 그런데 판사에게 보복해달라고 하소연하다니! 대답할 필요도 없어. 네가 무슨 이야기를 하든 관심 없으니까. 자, 너한테 선택권을 주겠다. 내일 아침 해가 뜨자마자 감옥으로 가서 십자가형을 받든지, 아니면 오늘 저녁에 너의 동료들에게 돌아가서 자유시리아군과 함께 계속 활동을 하든지 결정해. 너는 이제부터 우리를 위해 일하는 거야. 우리와 접촉하면서 우리가 알고자 하는 모든 정보를 제공하면 돼. 우리가 하라는 대로만 해. 만에 하나 도망갈 생각을 한다면, 네 어머니와 누이가 아직 여기에 살고 있다는 사실을 명심해야 될 거야. 그들이 너 대신 죗값을 치를 테니까. 네 어머니는 더 이상 해를 보지 못하고 지하 감옥 깊은 곳에서 여생을 마치게 될 거고, 네 누이는 터키 포주한테 노예로 팔려가겠지. 매일매일 차라리 죽여달라고 애원하게 될 거야. 하지만 절대 그렇게 내버려두지는 않을걸. 자, 둘 중 어떤 걸 택할래?"

하팀은 새 담배를 꺼내면서 반쯤 피운 담배를 비벼 껐다.

하팀 모든 것이 너무 순식간에 일어나서 저는 생각할 겨를조차 없었어요. 일단 살아야겠다는 생각에 본능적으로 두 번째 제안을 선택했어요. 그 남자는 머리를 들더니 내 쪽은 쳐다보지도 않고 문 쪽을 가리키면서 "꺼져"라고 했고 다른 사람들이 저를 밖으로 밀어내면서 그냥 걸어가라고 했어요. 자, 이제 포장만 번듯한 IS의 프로파간다를 순진하게 믿으면 어떤 종말을 맞게 되는지 알겠죠? 이게 바로 그들이 말하는 정의입니다. 왈라Wa'lah(신에게 맹세하니), 알바그다디의 개를 내 손으로 꼭 잡아서 그의 목구멍을 직접 찢을 수 있기를!

이 젊은 청년은 화를 내기보다 절망에 빠진 목소리로 으르렁거렸다.
나머지 이야기는 하팀이 글로 쓸 것이다. 하팀은 동료를 배신하느냐 자신의 가족을 희생하느냐의 기로에 서서, 그때부터 어머니와 누이를 터키로 탈출시킬 방법을 찾고 있다. 직선거리로는 몇백 킬로미터 정도

밖에 되지 않지만 이 지역을 아주 철저하게 감시하고 있는 아부 무사브 알투르키의 새로운 국경 수비대 때문에 실제로는 통과가 거의 불가능한 거리가 되었다. 나는 그가 정말 성공하기만을 바란다.

앞서 보았듯이 칼리프의 사법 조직은 지역의 질서를 유지하고 사람들이 법을 준수하도록 임무를 상당히 효율적으로 처리하고 있다. 각기 다른 임무를 맡은 세 종류의 판사들이 아주 독실하고 충성스러운 이슬람 경찰의 도움을 받아 주민들의 일상을 일거수일투족 감시하고 있다. 서류상으로는 모든 것이 완벽해 보이지만, 샤리아를 맹목적으로 적용한 '공정'이라는 가면 뒤에는 다른 현실이 숨어 있다. 점령 지역의 주민들은 억압적이고 잔인한 이 조직의 명령에 무조건적으로 따를 것을 요구받는다. IS는 항의나 비판을 일체 탄압함으로써 '성스러운 전쟁'이라는 이름으로 가장 비열한 이 학살 캠페인을 정당화하고 있다. '성스러운 전쟁'은 그저 이름뿐인 것이다!

5 장

기밀 보안부터 스파이 작전까지,
IS 정보부

IS 정보부의 비밀경찰, 암니

IS 정보부(안전부라고 불리기도 한다)는 최대한 많은 사람을 온순하게 만들기 위한 위협과 공포정치 캠페인을 담당한다. IS에서 살아간다는 것은 그저 아무 일이 일어나지 않기를 바라면서 숨죽이고 있어야 한다는 것을 뜻한다. 또한 경찰이 자신의 문보다 이웃의 문을 두드리기를 바라는 마음에서 누구보다 더욱 광신적으로 행동해야 한다는 것을 의미한다. 저지르지도 않은 범죄로 이웃을 비판하거나 고발하면 고발자들은 오히려 '훌륭한' 무슬림으로 더 좋은 대우를 받을 수 있다. 게다가 주민들은 아무리 야만적이라 할지라도 지배자인 칼리프의 행동이나 결정에 무조건 지지하고 열렬히 동조해야만 하는데, 그래야 지배 정권의 너그러운 혜택을 받을 수 있기 때문이다. 하지만 사실 IS는 그들이 관리하는 모든 것을 파괴하는 데에만 관심이 있다.

IS에서의 삶이 이렇게 위선적이고 상식 이하의 수준으로 떨어진 것은 사회 구석구석에 침투해 있는 정보부의 비밀경찰인 암니의 부지런한 활동 덕분이다. 이 장은 대부분 아부 무스타파의 증언과 그가 폭로한 비밀들을 다루고 있다. 현재 알카에다에서 활동하고 있는 아부 무스타파는 IS에서 나온 사령관이자 하지 바카르의 측근이다. 알바그다디의 개인적인 친구였던 하지 바카르는 2014년 2월 살해되기 전까지 시리아 IS 지역의 '국무총리'였다. 하지 바카르의 측근인 아부 무스타파는 그 누구도 자세히 알지 못하는 이 조직의 내부 고급 정보에 관해 우리에게 알려주는 전문가라고 할 수 있다.

이라크의 암니는 아부 알리Abu Ali[11]가 통치하고 있다. 2014년 9월, 기존의 암니 책임자[12]가 사망하자 시리아에서는 국무총리인 알안바리가 임시로 이 부서의 지휘를 맡고 있다. 아부 무스타파의 말에 따르면, 알바그다디는 이 비밀경찰 조직에서 상당한 영향력을 행사할 수 있는 지휘관을 아직 발견하지 못한 듯하다.

암니의 임무

암니는 실제 존재하거나 잠재적인 내부 적들로부터 IS를 보호하는 임무를 맡고 있다. 또 그들은 IS의 세력 확장에도 한몫하는데, 군대가 적지에 침투하기 전에 먼저 그 지역과 마을에 정보원을 침투시키는 임무를 맡는다.

아부 무스타파는 '내부 안전'에 관해 이 비밀 조직이 얼마나 무시무시한 전략을 펼치고 있는지 설명해주었다.

무스타파 암니는 위협적인 요소가 표면에 드러나기 전에 미리 찾아서 없애버려요. 그들은 이렇게 하기 위해서 한 가지 아주 단순한 방법을 사용합니다. 즉, 전국을 돌아다니며 덫을 놓는 거죠. 특히 이 함정은 체제 비판자들을 적극적으로 행동하도록 유인하는 데 사용돼요.

2014년 3월 암니는 터키의 몇몇 행동 요원들을 소집해 가지안테프 지역에 '샴의 아들들'이라는 가짜 조직을 만들었다. 이 가짜 불법 조직의 표면적인 목적은 무엇일까? 바로 IS가 점령한 지역의 수탈 행위를 국제 여론에 고발하는 것이다. 물론 이 단체는 유령 단체다. 그러나 외관상으로 볼 때는 충분한 설득력을 가진다. '샴의 아들들'은 (표면적으로) 다른 급진적 반란군과 대화할 용의가 있는 젊은 시리아 무슬림으로 구성되어 있다. 또한 이들은 시리아의 바샤르 알아사드 정권에 대항해 싸우기 위해, 수니파의 여러 반군 단체를 연합해 형제 연맹을 구성하기도 한다. 이들은 표면적으로는 IS를 제외시키는데, 그 명분은 'IS가 종교적으로 지나치게 급진적이어서 통제 불가능하다는 것'이다.

4개월 동안 암니의 행동 요원들은 알레포, 라카, 그리고 심지어 다이르앗자우르와 하사카에까지 침투했다. 30명가량 되는 이 요원들은 알바그다디 조직을 고발하는 정보를 수집하기 위해 잠시도 쉬지 않고 일했다. 그들은 IS의 모든 마을에 접선 인물을 포섭하고 비밀 정보원들의 연결망을 조직했으며 가능한 한 많은 사람에게 접근했다. 이 비밀스러운 조직은 2014년 5월, 터키 가지안테프 변두리에 있는 어느 큰 집을 빌려 사용하면서 100여 명의 사람들을 함정에 빠뜨렸다. 함정에 빠진 사람들은 IS에 거주하면서 이 비열한 체제의 종말을 보고 싶어 하는 사람들이었다. 그들 중 누구도 저항 한번 못하고 적에게 넘겨질 줄은 짐작도 못했다. 함정은 아주 완벽했다. 2014년 5월 20일에서 25일 사이, 그들이 함정의 실체를 알게 되었을 때는 이미 달아나기에 너무 늦은 상태였다. 한 주도 채 가기 전에 미끼에 걸린 모든 사람들이 체포되었고 어떤 경우에는 그들의 가족까지 체포되었다. 일부는 처형당하거나 십자가형에 처해졌다. 그리고 나머지는 어디론가 사라져서 다시는 찾아볼 수 없게 되었다.

이라크 모술에서는 이런 종류의 작전이 계속 진행되고 있다. 이들은 서방 기자의 보조원이라면서 자신을 '중개자'로 소개하고 정보를 얻기 위해 주민에게 접근한다. 심지어 그들은 미성년자에게도 접근해 IS에서의 삶에 대해 묻는다. 그들은 항상 구미가 당기는 미끼를 이용해 주민들을 유혹하며 그 보상을 받아들인 자들은 그 즉시 제거된다.

터키 쿠르드 지역의 디야르바키르Diyarbakir에서는 어느 가짜 CIA 요원이 이라크의 군사수송을 돕기 위한 관리인을 모집하기도 했었다. 가짜 CIA 요원은 공고를 보고 온 사람에게 5만 달러를 주면서, 만약 그가 IS에 대해 불리하게 사용될 수 있는 정보를 제공하면 매달 똑같은 금액을 주겠다고 약속했다. 이 작전은 2014년 9월 중순까지 계속되었고 상당히 흥미롭게 막을 내렸다. 이 '요원'은 CIA 소속이 아니라 암니 소속이었다. 요원이 달러를 수금하기 시작하자 함정은 서서히 그를 향해 조여들었다. 결국 그 남자와 그의 가족 모두 체포되었고, 그에게 정보를 제공한 것으로 의심되는 다른 17명도 같이 체포되었다. 마찬가지로 이 경우에도 몇 명은 사형을 선고받고 나머지는 재판도 받지 않은 채 제거되었다.

무스타파　이런 계략들로 암니는 모든 영역에서 이득을 취하고 있어요. 외부인들에게 IS는 완전히 블랙홀이에요. 어떤 정보원도 감히 투입할 수 없기 때문이죠. 서구의 정보원 모집 작전은 지역 주민들의 불신과 알레르기적 반응에 부딪히고 있어요. 시리아인이나 이라크인에게 이런 제안을 한다고 상상해보세요. 어떻게 정말 그 사람이 CIA인지, 아니면 암니인지 구분할 수 있겠어요? 이 전략은 이중적이면서도 상당한 공포감을 조성하기 때문에 서구에 협조할 용의가 있는 사람들의 의지를 꺾기에 충분해요!

그러나 암니는 방어적인 입장을 취하는 데 만족하지 않는다. 암니는 끊임없이 거짓 정보를 뿌리며 공격적인 자세를 취한다. 상당한 효과를 거둔 이 '가짜 정보 작전'은 지금도 계속되고 있다. 이와 비슷한 예로 서구 정보원의 탈을 쓴 실제 암니 정보원들이 터키, 이라크에 상주하면서 자신들의 연결망까지 조직한 것을 들 수 있다. '오사마 빈라덴 기지' 공격작전은 그들의 전략이 얼마나 적중했는지를 보여주는 사례다.

'오사마 빈라덴 기지' 공격작전

사실 별로 알려진 바 없는 이 작전은 현재까지 IS에 대해 서구가 얻은 정보 중 가장 큰 실패를 상징한다. 반면 결과적으로 볼 때는 암니의 가장 큰 승리를 상징하기도 한다.

이 작전은 아부 무사브 알알와스Abu Musab al-Alwas에 의해 주도되었다. 2013년 5월부터 라카 지역 암니의 사령관으로 활동하고 있는 알알와스는 알바그다디의 측근이다. 그는 '절대 범접할 수 없는' 인물로 자주 묘사되는데, 이는 그가 IS, 그리고 아마도 칼리프 개인에 대한 비밀을 알고 있기 때문이다. 자신이 가진 민감한 정보들 덕분에 알알와스는 가장 완전하고 흠잡을 데 없는 면책권을 누리고 있다.

2014년 3월, 알알와스는 사람들이 감히 상상도 할 수 없는 일을 저질렀다. 칼리프에게 충성을 맹세하고도 자신의 개인 부대인 안사르 알샤리아Ansar al-Sharia를 창설한 것이다. 즉, 그는 알바그다디의 우정 어린 권유로 IS에 다시 합류하기 전까지 IS 영토 내에 독립 부대를 소유했던 인물이다.

무스타파 사실 그는 그 즉시 사형에 처해져야 했어요. 이 남자는 알바그다디만 알고 있는 비밀을 정말로 알고 있나 봐요. 그 비밀 덕분에 그는 처형감인 일을 저지르고도 손가락 하나 안 다치고 빠져나온 거예요!

라카에서 몇 킬로미터 떨어진 '오사마 빈라덴 기지'는 원래 별로 중요하지 않은 평범한 군사기지였다. 그 기지는 탄약 창고 하나와 옛날 정제 공장 옆에 기숙사로 개조된 몇 개의 건물로 이루어져 있었다. 정제 공장은 바샤르 알아사드의 공습에 의해 이미 몇 차례 폭격을 맞은 곳이다. 이 기지는 원칙적으로는 새로운 지원병의 훈련을 위한 곳이었다. 이 기지에는 중장비들도 몇 개 숨겨져 있었는데, 그중에는 낡은 T-55 탱크 몇 대와 T-62, 그리고 좀 더 현대적인 모델인 T-72 등이 있었다. 물론 이 기지는 서구 국가의 공습이 시작된 이후 아무도 모르게 비워졌다. '오사마 빈라덴'이라는 이름에도 불구하고 이 기지는 이미 노후화되고 일부분은 파괴된 건물들이 서 있는 텅 빈 땅에 불과했다.

암니는 서구 국가들이 터키에 심어놓은 대다수의 정보원들을 배후에서 조종했다. 이 정보원들은 국경을 마음대로 넘나들고, CIA가 불법적으로 설치한 암호 전화로 이라크와 시리아에서 활동하는 정보원들로부터 정보를 얻을 수 있었다. 만약 이 조직이 철두철미하게 암니 정보 요원들에 의해 구성된 조직이 아니었다면, 이 조직은 서구 국가에 상당히 유용한 정보를 주었을 것이다.

해커가 상대편 컴퓨터에 침입하는 것처럼 IS 정보부는 '오사마 빈라덴 기지'에 대한 허위 정보를 순식간에 CIA에 쏟아부었다. 허위 정보들은 2014년 봄부터 한군데로 집중적으로 모아져 해석되기 시작했다. 대부분의 정보에는 그 기지에 미국과 영국의 인질들이 수감되어 있다고 나와 있었다. 동시에 암니의 스파이들은 가지안테프에 있는 카페에서 '오사마 빈라덴 기지'가 IS의 고위급들을 피난시키는 전략적으로 아주 중요한 기지라고 CIA 요원들에게 흥분을 감추지 못하면서 속삭였다.

아주 신뢰할 만한 정보원들이 준 정보였기에 의심하지 않고 믿을 수밖에 없었다. 그러다 갑자기 2014년 7월 초, 미국은 이 비밀에 싸인 기지를 공격할 두 개의 특수부대를 비밀리에 보낼 것을 결정했다.

그러나 IS가 이미 그들을 기다리고 있었다. 암니는 라카의 군사 사령관과 함께 이 작전을 지휘했다. 그들은 미국이 정확히 언제 공격할지는 알지 못했지만 곧 공격이 있을 것이라고 예상하고 있었다. 그들은 이미 미국 특수부대가 도착하기 한 달 전에 미군을 맞이할 준비를 마친 상태였다. 기관총이 곳곳에 배치되었고 IS 군인들은 공격의 순간을 참을성 있게 교대로 기다리고 있었다. 50여 명의 군인이 기지 내에 은신해 있었고 엄청난 규모의 지원군이 그 부근의 농가에 숨어 있었다. 이것은 미군의 대규모 공격에 대비한 것이었다.

불행하게도 일말의 오차도 없이 미군은 파키스탄에 있는 오사마 빈 라덴의 거주지를 공격했던 것과 같은 방법으로 공격을 감행했다. 그러나 이번에는 지난번과 같은 성공을 기대할 수 없었다. 미군은 텅 빈 건물에 몇 차례 공습을 가했고, 소리 없이 비행하도록 개조된 두 대의 블랙호크 헬리콥터에서 미국 해군 특수부대인 네이비 실Navy SEAL이 낙하했다. 미군의 작전은 즉시 완전한 실패를 향해 가고 있었다. 특수 요원들은 땅에 발을 딛자마자 헬리콥터와 함께 맹렬하고 치밀하게 조직된 포화에 휩싸였다. 함정에 빠졌다는 것을 깨달은 미국 특수부대 요원들은 즉시 후퇴했다. 한 명의 부상자를 제외하고 공식적인 피해는 없었다.

알마리 그 사건에 대해 며칠 후 다시 생각해보았는데, 피해가 그렇게 적었다는 것을 도무지 믿을 수가 없어요.

자유시리아군의 대변인인 후삼 알마리가 말했다.

무스타파 IS 군대는 방어만 하지 않아요. IS는 미국을 마음대로 조종할 수 있고 그들을 함정에 빠뜨릴 수도 있어요. 암니는 터키 국경 지역에서 활동하는 서구 정보부 소속 정보원들을 모두 손에 쥐고 있고요. 이 정보원들은 이중 스파이로 매수되고 있는 거지요. 암니는 그들이 아무리 터키에서 활동하고 있다 해도, 그들의 운명이 결국 한 손에 달려 있다는 것을 주지시키고 있는 거예요. 그러니까 IS는 그들이 어디에 있든 언제나 그들을 잡아들일 수 있다고 자신해요. 실제 안타키아Antakya 나 가지안테프에서는 시리아인 한 명이 살해된다고 해도 아무도 신경 쓰지 않아요. 심지어 터키 사람들은 시리아인이 너무 많다고 생각하는 경향까지 있고요! 게다가 암니는 애국심이나 무슬림 동지애를 부추기는 데 아주 능숙하죠. 이 지역에서 미국인이 마음에 들어서 그들을 위해 일하는 사람은 아무도 없어요. 스파이들의 유일한 관심은 돈이에요. 만약 IS가 같은 액수를 제안하고 거기다 살해 위협까지 하면서 터키의 매춘 소굴에 당신의 아이들을 팔아버린다고 위협하면, 그 어떤 것도 이중 스파이가 되는 것을 막을 수는 없죠.

IS의 해커들, 그들과의 정보 전쟁

IS 정보부는 여러 부서 중에서도 가장 잘 조직된 부서로 알려져 있다. 이 부서는 2004년 이라크에서 창설되었으며 2012년부터 시리아 내부에서 더욱 치밀하게 자신들의 기술을 갈고닦고 있다. 현재 정보부는 모든 반란군 안에 첩보원을 심어놓았는데 자유시리아군이나 다른 이슬람 부대가 그 반란군에 속한다. 상당히 치밀하고 엄청나게 조직적으로 실행되는 정보원 침투 작전은 절대 무시할 수 없는 '가상' 작전(정보전)에 의해 이루어진다. 정보전을 담당하는 이 부서는 암니의 감독하에 있다. 그들은 모든 수단과 방법을 가리지 않고 적군의 정보를 얻어내서 현지 정보를 보강한다.

무스타파 IS는 자유시리아군에 관해 모르는 정보가 없어요.

실제로 해커들은 적군의 군사 사령관들이 주고받는 통신 내용뿐 아니라 내부 회계장부까지도 해킹할 수 있다. 게다가 IS는 수천 명에 이르는 적군 군사들의 이름, 특히 자유시리아군 병사들의 이름까지 손에 넣었다고 자랑하고 있다.

무스타파 자유시리아군 내부에 군사 조직이 산재해 있고 중앙집권적 명령 체계도 없기 때문에 정보가 계속 새어 나가고 있어요. 이렇게 정보가 계속 떠다니니까 중요한 정보를 보호하기도 어려운 거예요.

아부 무스타파가 덧붙였다.

정보전을 담당하는 사령관 아부 오마르 알무라킨Abu Omar al-Murakin 은 한때 미군에 의해 오랫동안 티크리트Tikrit 지역에 억류되어 있었다. 알바그다디의 측근인 알무라킨은 2012년 시리아 IS에 합류했으며, 라 카 지역을 담당하는 암니의 우두머리인 알알와스를 지지하면서 자브 하트 알누스라[13] 창설에 관여했다. 알무라킨은 같은 해 알레포에 폭격 이 가해졌을 때 다리를 잃고, 몇 달간 알바그다디의 공식 대행인으로서 자브하트 알누스라의 사령관인 아부 모하마드 알줄라니Abu Mohammad al-Julani 곁에 머물렀다. 그 후 알무라킨은 탁월한 정보 기술자들로 이 루어진 정보부의 수장을 맡게 된 것이다.

이 조직의 중앙 통제소는 라카에 있다. '아티쌈Attissam'이라고 이름 붙여진 중앙 통제소는 아주 뛰어난 실력을 갖춘 정보원 한 명이 통제하 고 있는데 그의 정체는 IS의 기밀 중에서도 기밀에 속한다. 심지어 사 령관들조차 그의 본명을 모르고 있으며 아부 하피즈Abu Hafz라는 그의 가명만 알고 있을 뿐이다. 중앙 통제소는 정보 수집과 해킹 외에도 프 로파간다 작전을 관할하는데, 이에 대해서는 후에 다시 언급할 것이다.

암니는 적군에 침투할 때 첩보원 침투와 정보전을 둘 다 이용한다. 그리고 정보전은 서구 정보부의 정보를 조작하고 IS 내부의 반역자를 색출하기 위해서 상당히 위협적이고 효과적인 캠페인을 추진하는 데 이용된다. 내부적으로는 두려움과 망상증이 절정에 이르도록 만들고, 외부적으로는 서구 정보부가 혼란의 극치에 빠지도록 만든다. 지금까지 암니는 단 한 번도 실수한 적이 없다. 비록 이 승리가 피로 물들여진 것이긴 하지만 말이다.

지하드에 제공되는 정보

정보부의 임무는 여기서 끝이 아니다. 정보부가 직접 병력을 소유한 것은 아니지만 암니는 군대가 엄청난 속력으로 승리를 거두는 데 아주 핵심적인 역할을 수행한다.

무스타파 정보부가 없었다면 모술을 함락하지 못했을 것이고 바그다드Baghdad도 그런 지경에 이르지 않았을 거예요.

아부 무스타파는 이렇게 설명하면서 군대와 정보부가 어떻게 협력해 작전을 시행하는지 자세히 설명해주었다.

무스타파 암니는 전쟁이 시작되기 몇 달 전부터 활동을 시작해요. 모술의 경우처럼 대개 목표한 침략 지역에 미리 첩보원 몇 명을 침투시켜요. 몇 년 전부터 이렇게 해오고 있어요! 침략하기 직전에는 이미 침투해 있는 조직망을 재가동시키고 좀 더 확장시키기만 합니다. 우선 정보원들은 침략 지역에서 중요한 위치에 있는 모든 사람들의 정보를 입수해요. 정치인, 군인, 경찰 심지어 종교 지도자와 과격파, 그리고 언론에 종사하는 사람들까지 모두의 정보를요. 그다음 흑색, 백색, 적색으로 나뉜 세 개의 명단을 작성해요. 제일 먼저 관리하는 것은 흑색 명단인데, 이 명단에 적힌 사람들은 제거 대상을 의미해요. 그들이 작전에 방해되거나 그들의 죽음이 다음 작전에 유용하다고 판단되기 때문이죠. 예를 들어 IS에 강력하게 대항하면서 주민들에게 일종의 정당성을 인정받고 있는 수니파 급진파들이 이 명단에 속하지요. 또는 존경을 받거나 전투에 탁월한 군사령관들도 거기에 속해요. 이라크와 시리아에서는 살인 사건이 발생해도 아무도 범인을 잡지 못해요. 저마다 다르게 해석하기 때문이에요. 우리 아랍인들은 단순한 이야기를 좋아하지 않아요. 그래서 우리는 방해물을 먼저 제거하는 거예요. 이것이 바로 흑색 명단이죠. 백색 명단은 모든 협조자들을 포함하는데, 그들의 동기나 신뢰도에 따라 등급이 매겨져요. 이 명단에 속하는 사람들은 몇 달 동안 암니와 협력하면서 우리에게 그 지역 상황에 대한 정보를 넘겨주고, 내부적으로 적의 힘을 침식시키면서 이런저런 방법으로 전투에 참가합니다. 적색 명단에는 상징적으로 중요한 인물들이 포함되는데, 이러한 인물들을 처형하는 목적은 한 마을을 포화와 피로 물들일 수 있는 잔인한 복수전을 유발하기 위해서예요. 예를 들어 시아파의 종교 지도자인 아야톨라ayatollah(이슬람 최고 성직자 - 옮긴이)가 적색 명단에 속해요. 시아파 소속 아야톨라가 처형되면 그에게 충성을 바쳤던 군대들은 수니파 공동체를 습격할 것이고, 수니파들은 다시 시아파들에게 보복을 가하게 되겠지요. 이런 끝없는 복수극은 공동체 간의 분열을 부추기고 마을을 점점 쇠약하게 만들어요. 만약 마을 주민의 절반 이상이 침략자(수니파)들을 지지한다면 시아파들은 좀 더 힘겨운 전쟁을 치러야겠지요. 그런데 가끔 이 적색 명단에 온건한 수니파 지도자들이나 반군 세력과 연합한 수니파 지도자들이 포함되기도 해요. 즉, 이들은 우리에게 어떠한 도움도 줄 수 없다고 판단되는 사람들이에요. 이런 경우 우리의 핵심 전략인 폭력과 복수를 같은 방식으로 반복해서 적용하지만 전개되는 순서는 그 반대라고 할 수 있어요. 우리의 수니파 형제들은 시아파가 먼저 살인을 저질렀다고 생각하면서 시아파를 공격하고 학살을 시작하겠죠. 그러니까 결국에는 수니파의 이러한 행동이 시아파의 행동과 아무런 차이도 없는 거예요. 적색 명단에 올라 있는 사람들을 제거하는 것이 우리의 마지막 작전입니다. 이 작전은 공격하기 몇 주 전에 실행돼요. 일반적으로 그보다 더 일찍 작전이 실행된 적은 없어요. 물론 암니는 그사이에 방어망이나 지뢰밭 같은 군사기지에 대한 모든 정보를 입수해요. 간단히 말해 공격 방법과 공격 경로에 필요한 모든 정보죠. 이 준비 기간에 자살 테러와 자동차 폭탄 테러도 아주 중요한 역할을 합니다. 물론 이러한 작전들은 위험 인물들을 제거하기 위한 것이기도 하지만 공격 전에 마을 내부에 공포와 혼란을 유발시키기 위한 것이기도 해요.

자살 테러 작전의 실체

외부에서는 자살 테러로 인한 폭발과 인명 피해가 아무런 계획도 없이 시행되는 것처럼 보이겠지만, 사실 자살 테러는 완벽하게 조직된 구조 속에서 정확한 명령에 의해 시행된다. IS 정보부의 비밀 조직인 암니에는 자살 테러 작전만을 계획하는 특수 분과가 따로 있다. '테러 사령관'(그는 스스로 그렇게 불리기를 원한다!)은 아부 오마르 알카라다시Abu Omar al-Qaradashi이다. 알카라다시는 이라크 테팔라Tefallah 출신으로 50세가량 된 투르크메니스탄 사람이다. 사담 후세인의 사령관이었던 알카라다시는 2000년에 일어난 반란에 가담한 적이 있고 2013년과 2014년에 리비아 트리폴리Tripoli 지역에서 IS 조직을 설립한 장본인이다. 아부 알리 알안바리의 오랜 동료이기도 한 알카라다시는 암니 밑에서 일하기는 하지만, 장관들과 칼리프의 개인적인 신뢰를 전적으로 받는 인물이다.

알카라다시가 2014년 6월부터 지휘하고 있는 이 부서는 IS 전 지역에 지부를 두고 있다. 그중 이라크에 있는 지부는 가장 먼저 조직되었으며 가장 견고하다고 할 수 있다. 특히 이라크 서부의 알안바르, 중부의 살라딘Saladin, 그리고 디얄라Diyala에 있는 조직이 그러하다. 이 조직에는 수십 명의 자살 테러 순교자가 자신들의 순서를 기다리고 있다. 즉, 그들은 플라스틱 폭탄을 가득 실은 채 시장이나 사원, 그리고 적의 군사기지를 향해 달리는 수송차와 함께 폭파될 준비가 되어 있는 사람들이다. 그들은 어떤 특수 훈련도 받지 않는다. 단지 극도로 광신적인 군인이나 아이들이 선발되어 임무를 수행하는 날까지 계속해서 세뇌 교육을 받을 뿐이다. 알카라다시가 그의 보좌관들에게 공격 목표를 정해주면 보좌관들은 작전을 준비하고, 임무를 맡은 가엾은 순교자들은 그저 시키는 대로 행한다.

간첩 활동을 하면서 적군의 간첩 활동도 막고 내부 탄압과 군사정보, 그리고 테러작전까지 책임지고 있는 암니는 IS의 중심축이라고 해도 과언이 아니다. 군대보다 훨씬 비밀스러운 조직인 암니는 IS의 생존과 확장에 없어서는 안 될 핵심 조직인 것이다. 이 조직의 정확한 예산은 알 수 없다 하더라도 이 조직이 효율적으로 운영되려면 엄청난 비용이 필요하다는 것을 짐작할 수 있을 것이다. 그런데 유감스럽게도 IS는 돈 문제에 관해 아무런 걱정을 할 필요가 없다.

6장

IS는 어떻게 돈방석에
앉게 되었나

IS 재정부

서구의 정보 요원들은 이라크 지역의 IS 재정부 총책임자가 아부 살레Abu Saleh[14]라고 주장하지만 이는 사실이 아니다. 모술을 장악한 아부 살레는 재정부 총책임자 밑의 '알말리Al-Mali 사령관'(국고 책임자)으로 활동하고 있다. 나는 몇 차례에 걸쳐 조사를 진행했으나 시리아나 이라크의 '진짜' 재정부 총책임자의 이름을 알아내는 데에는 실패했다. 알카에다나 가지안테프에 있는 내 정보원들이나 이라크에 있는 연락원들 중 아무도 재정부 총책임자의 이름을 알아내지 못했다. 아부 무스타파는 그냥 무시하라고 조언했는데, 그에 따르면 재정 문제에 관한 결정은 알바그다디의 직접적인 지시를 받는 두 명의 국무총리에 의해 내려진다고 한다. 그리고 그들이 결정한 사항이 직접 지방의 사령관들에게 전달되는 것이다. 다른 정보에 의하면 이러한 조치는 재정부 총책임자의 익명성을 보장하기 위한 것이어서 현재로서는 더 이상 알아내기가 불가능해 보인다.

각 지방 재정부의 구조는 동일하며, 지방 재정부는 중앙정부의 금고를 채우는 임무를 맡는다. 자금을 거두어들인 중앙정부는 봉급과 여러 종류의 사회 수당을 고려해 이를 재분배한다. 재정부에는 직책과 임무가 명확하게 구분되는 세 명의 사령관이 있다. '알말리 사령관' 또는 '국고 책임자'라고 불리는 사령관은 IS의 수입을 책임진다. 즉, 이들은 석유 생산이나 밀매 또는 세금 조달을 통해 재정을 확보하며, 거두어들인 자금을 전부 국무총리에게 보낸다. '이달리Idali 사령관'은 지방행정 책임자다. 그들은 봉급과 사회 수당 지급을 관할하며 결혼 수당(1000달러)과 출생 수당(신생아 1명당 1000달러)을 감독한다. 그들은 지정된 봉급이나 수당이 아무 문제없이, 그리고 아무 불만 없이 제대로 지급되는지 감시한다. '알가나임Al-Ghanaim 사령관' 또는 '약탈의 사령관'이라고 불리는 사령관은 아주 특별한 임무를 맡고 있는데, 이에 대해서는 나중에 다시 이야기하겠다.

알말리 사령관이 거두어들이는 수입 덕택에 IS의 우두머리 알바그다디는 전쟁을 계속 치를 수 있을 뿐 아니라 복지 혜택이 꽤 높은 사회보장제도를 유지할 수 있다. 알말리 사령관이야말로 IS 경제조직의 핵심인 것이다. 지방마다 수입에는 차이가 있지만 모두 국경 밖에서 수입을 얻을 수 있는 통로를 가지고 있다는 공통점이 있다. 지하디스트들은 국경 밖에 존재하는 세력들을 무조건 제거해야 할 대상으로 여기면서도, 외부 지역과 거래 통로를 확보할 수 있을 만큼 국경 지역의 구석구석을 손바닥처럼 훤히 꿰고 있다. 따라서 알말리 사령관들은 석유 판매와 온갖 종류의 밀매 행위 등 갖은 수단을 동원해 IS 전 지역에서 돈을 벌어들인다. 단 한 가지 허용되지 않는 것이 있다면 오로지 마약뿐이다!

IS는 석유 생산으로 얼마를 벌어들일까

시리아에서 석유 생산을 담당하는 사령관에 의하면 IS는 북동부 지역에서 매일 6만 배럴에 달하는 석유를 생산한다. 이 지역이 IS의 사령부가 된 것은 우연이 아니다. IS는 국제 석유 가격에 비해 50~60% 정도 싼 가격으로 석유를 판매한다. 이 장사로 상당한 이득을 남기고 있으며 매일 300만 달러 정도를 벌어들인다. 국제동맹군의 공습으로 석유 생산이 중단되기도 했으나 이는 일시적인 것에 불과했고, 폭격이 끝나자 석유 생산이 곧 재가동되었다.

중요한 것은 IS의 석유 생산량이 계속 증가한다는 사실이다. 하루에 7만 5000배럴을 생산할 수 있는 알오마르Al-Omar 유정을 수리하면 더 많은 생산량을 얻을 수 있는데도, IS는 이 유정을 수리해 가동시킬 필요가 없다고 생각하는 듯하다. 현재 IS의 석유 생산량은 6만 배럴을 넘지 않지만, 만약 시리아 북부의 유정을 제대로 작동시키기만 해도 IS의 석유 생산량은 12만 배럴에 달할 것이다.

IS는 모술을 점령하면서 이라크에 있는 다른 유전들도 차지할 수 있었고, 현재 이라크에서만 7개의 유전을 손에 넣게 되었다. 살라딘과 디얄라 지역에 있는 아질Ajil과 힘린Himrin 유전도 이들의 것이다. 이렇게 새로운 유전을 확보함으로써 IS는 시리아에서 생산되는 6만 배럴 외에 매일 8만 배럴을 더 생산할 수 있게 되었다.[15] 서구의 공습이 중지되고 석유 생산이 재가동되면서 석유 판매로 인한 수입을 배로 증가시킬 수 있게 된 것이다. 하루 600만 달러에 이르는 수입으로 IS는 전쟁에 자금을 소비하고도 상당한 양의 자금을 비축할 수 있다.

IS의 석유 생산능력은 모술 근처에 있는 알키야라Al-Qiyara 정제 공장을 장악하면서 더욱 완벽하게 보강되었다. 그런데 2014년 9월부터 미국의 공습이 재개되자 석유 생산에 차질이 생겼다. 공습 전에는 현장에서 바로 석유를 정제할 수 있었지만, 공습으로 정제 공장이 파괴되자 터키나 중국에서 수입한 수공업적 수준의 정제 작업을 점차 늘릴 수밖에 없었다. 수공 정제 작업으로는 하루에 최대 1000배럴밖에 생산하지 못하지만 생산 비용이 몇만 유로밖에 들지 않고 쉽게 교체할 수 있다는 장점이 있다. 공습으로 생산량이 감소했음에도 (하루에 2000배럴 정도) IS의 군용차량을 움직이기에는 충분한 양이다.

IS의 석유 밀매는 공습 이전에 더욱 활발했다. 시리아 현지의 석유 밀매업자들은 수요량과 국경 지역의 보안 등급에 따라 가격을 매겨 석유를 매입하곤 했다. 전쟁이 시작되거나 터키 군인들이 밀매업을 방해할 경우 배럴당 가격이 몇 달러 정도 올라간다. 뇌물을 제공해야 하기 때문이다. 그러나 몇 달러 정도의 중개료를 제외하고 일반적으로 배럴당 가격은 25~35달러에서 책정된다. 석유 수송을 담당하는 중개인들은 주로 안타키아와 가지안테프의 마피아들이며 불법 거래를 장악하는 자들이다.

IS는 필요하다고 판단되는 지역에 석유 거래를 통괄하는 책임자를 배치한다. 이 석유 거래 책임자는 터키 밀매업자를 일대일로 상대한다. 석유 책임자는 우리가 이미 언급한 아부 무사브 알투르키 국경 수비대의 도움이나 보호를 직접 받을 수 있는데도 알말리 사령관에 소속되어 있다. 석유 밀매 대금은 보통 터키 리라나 미국 달러로 매일 지불되며, 이 판매금은 알말리 사령관에게 즉시 전달되고 알말리 사령관은 이를 다시 중앙정부로 송금한다.

지방의 모든 주가 이런 식으로 석유 밀매를 통해 자금을 조달하며 이라크보다 시리아 지역에서 더 활발히 석유 밀매가 이루어진다. 이라크에서 석유 밀매가 시작된 지는 1년이 채 안 되며 다수의 중개상(중개료가 비싸다)들이 활동하고 있다.

2014년 9월 석유 밀매가 잠시 중단된 적이 있는데, 국제동맹군이 몇몇 석유 시설과 터키까지 운반할 수 있는 수공업적 파이프라인을 폭격했기 때문이다. 그러나 폭격이 중단되자 그 즉시 석유 판매가 더욱 활발하게 재개되었다.

타레크 IS는 폭격이 중단되자마자 유정이 재가동될 것을 알고 그 전에 러시아, 중국 기업들과 밀매 계약을 비밀리에 성사시켰어요.

타레크가 말했다. 알바그다디는 앞으로도 단 하루도 허비하지 않고 석유 생산을 계속할 것이다.

칼리프가 직접 지휘하는 '유적 거래 사업'

IS는 석유 외에도 다양한 수입원을 가지고 있다. 시리아 곳곳에는 고대 유적지와 유물이 가득한데 모두 몇천 년을 거슬러 올라갈 만큼 오래된 것들이다. 석유 밀매와 마찬가지로 유적 밀거래 시장도 마피아가 장악하고 있다. 터키 마피아가 석유 밀매에 관여한다면, 유적 밀거래는 일반적으로 러시아 마피아가 단독으로 주도한다. "러시아 마피아는 전문가를 현장에 직접 보내서 그들이 유적을 구입할 수 있도록 해요. 그것도 대량으로요"라고 터키 메르신Mersin 지역의 IS 측근이자 유적 거래에 깊이 개입한 어느 시리아인이 말했다. 현재 시리아 고대 유적지의 90%에 해당하는 지역이 전쟁터에 속한다. IS는 유적 거래를 위해 한 치의 땅도 빼앗기지 않으려고 분투하고 있다. 아부 무스타파는 지하디스트들이 어떻게 이윤을 극대화시키는지 설명했다.

무스타파 2013년 말까지만 해도 IS는 국경 지역의 밀매 행위나 유적지의 약탈 행위에 대해 세금을 부과했어요. 그런데 이 시장의 가치를 알아본 알바그다디가 전체 시장을 직접 통괄하기로 마음먹은 거죠. 알바그다디는 특히 2011년에 시리아 알아사드 정부를 축출하려는 목적의 반군 봉기가 일어나기 전까지 완벽하게 보전되었던 두라 에우로포스 Dura-Europos 유적지(시리아 유프라테스 강 유역에 있는 헬레니즘 시대의 고대 유적지 – 옮긴이)를 직접 관할하기로 결정했어요. 그 후로 알바그다디는 유적 발굴을 직접 지휘하고 있죠. 발굴을 담당하는 노동자들은 250달러의 월급을 받고 유물을 발견할 때마다 추가로 50~300달러의 보너스를 받아요. 알바그다디는 터키로 유물을 운반하는 일이나 국경 지역 마을에서 이루어지는 밀매까지 모두 직접 통제하고 있어요. 러시아인들은 가지안테프의 호텔에서 IS의 유적 밀매자들과 접촉해 흥정해요. 유물의 가격은 물건마다 천차만별이에요. 그런데 대개 유물들은 실제 그 가치에 한참 못 미치는 아주 하찮은 가격에 팔리고 있어요. IS나 마피아들 모두 그 사실을 잘 알죠. 그런데도 이렇게 낮은 가격에 거래되는 이유는 지하디스트들이 이 오래된 유물을 이슬람 율법에 어긋난 낡은 우상으로 여기는 데 있어요. 청동 조각이나 도자기 파편들이 50~100달러, 많게는 대략 50만 달러에 팔리고 있어요. IS의 밀매자들은 매번 수십 개의 유물을 가져오는데 어차피 그들에게 그 유물은 가치가 없기 때문에 가격을 흥정하지도 않아요. 게다가 역사에 대해 아는 사람도 없고요. 이스탄불 공항에서 여행객들에게 판매되는 조각품이나 시리아에서 발굴된 고대 유물이나 동일하게 취급되고 있는 거죠. 그것은 저에게도 마찬가지고요.

아부 무스타파는 거만한 표정을 지으며 결론을 맺었다.

엄청난 이윤을 보장하는 이 고대 유물 시장을 전담한 책임자들은 각 지방마다 있다. 석유 밀매와 마찬가지로 유물 판매 수입을 중앙 금고로 운반하는 일은 알말리 사령관이 맡는다. 유물 밀거래로 그들이 얼마만큼의 돈을 벌어들이는지 정확히 알기란 불가능하다. 하지만 IS가 유물 밀거래를 통해 적어도 매달 수백만 달러의 수입을 챙기는 것으로 추정할 수 있다. 어떤 사람들은 그 액수가 수천만 달러에 이른다고 추정하기도 하지만, 암시장의 거래 가격으로 미루어볼 때 이러한 액수는 좀 과장된 듯하다. 물론 이 액수도 석유 밀매에 비하면 보잘것없지만 IS의 중요한 자금원임에는 틀림없다.

그들이 점령지를 '청소'하는 방법

앞에서 설명했듯이 재정부 각 지방 부서의 세 번째 사령관은 '약탈의 사령관'으로 불리는 '알가나임 사령관'이다. 그는 전쟁터의 약탈품을 관리하며 지하디스트들이 마을이나 한 지역을 점령했을 때 최대한 많은 약탈품을 노획하도록 지휘한다. IS는 대개 시아파 마을에서 약탈한 물품들은 모두 팔아치우는데 그중에 여자도 포함된다. 시아파 여자들은 대부분 국경 지역의 터키 인신매매상들에게 팔려가고 다시 이스탄불이나 앙카라의 매춘 소굴로 보내진다. 2014년 10월 12일에 발표된 유엔 보고서[16]에 따르면 IS로 잡혀온 여자들은 보통 라카나 모술로 보내지며 목에 가격표를 달고 꼭 노예처럼 팔려나간다. 2014년 8월 한 달 동안만 해도 2500명 이상의 민간인이 이라크에서 포로로 붙잡혔다. 아부 무스타파에게 이 노예시장에 관해 묻자, 그는 단 한 번도 목격한 적이 없다고 말했다. 그리고 이렇게 덧붙였다.

무스타파 당신들은 여자를 노예시장에 파는 것이 야만적인 행위라고 생각하겠지만 이것은 이슬람 율법에 절대 위배되는 일이 아니에요. 이슬람 율법에는 적군의 여자들을 마음대로 지하드로 끌고 갈 수 있다고 나와 있어요.

알가나임 사령관 주변에는 맹수들의 잔치에서 부스러기라도 얻어먹으려고 호시탐탐 기회를 노리는 하이에나 같은 밀매상들과 상인들이 항상 있다. 이들은 기회가 되면 닥치는 대로 모든 거래품을 사들일 수 있는 능력을 갖고 있기 때문에, IS는 이들의 행위를 모두 묵인한다. 전리품들은 그 지역에서 다른 반란군에게 팔리기도 하고, 심지어 터키에서 팔리기도 한다. IS가 다이르앗자우르 지역을 정복했을 당시, 그 마을 알카에다 사령관인 아부 하짐 알벨라드Abu Hazim al-Belad는 IS와의 동맹을 거부하는 모든 군사들과 함께 처형당했다. 시리아 북동부 지역에서 알카에다 조직의 일반 판사직을 맡았던 아부 마리 알카타니Abu Mari al-Qahtani는 알바그다디의 군사가 도착하기 전, 3000명에 달하는 그의 군사와 함께 도주에 성공했지만 소유했던 모든 것을 다 버리고 떠날 수밖에 없었다. 이로 인해 IS는 약 200만 달러에 이르는 기념비적인 수입을 얻을 수 있었다. 이들의 약탈은 아주 체계적으로 진행되며, 약탈한 물건은 터키의 몇몇 상인들에게 팔린다. 일반적으로 약탈 목록에 무기들은 빠져 있는데, 수거된 무기들의 목록을 따로 작성하기 때문이다. 목록을 작성한 뒤에는 무기와 운송을 책임지는 아부 셰마가 무기가 필요한 지역에 약탈한 무기들을 보내고 이 모든 과정을 지휘한다. 자유시리아군과 알카에다에 속했던 집들은 승리를 거둔 지하디스트들에게 분배된다.

현금수송은 앞에서 언급했던 'IS의 배달부'인 아부 하자르 알하사피가 통괄하는데, 아부 무스타파 말에 따르면 현금수송자들은 아주 확실하게 일을 처리할 수 있는 100% 신뢰할 만한 사람들이어야만 한다. 만에 하나 그들이 아주 하찮은 실수라도 저지르면 적(서구 정보부)에게 엄청난 정보가 노출될 수 있기 때문이다.

IS의 약점은 무엇인가

IS 조직 내에 현금이 충분히 축적되고 있지만, 여전히 금융에 관해서는 심각한 문제가 있다. 매달 하급 사령관에게 정확한 재정 상태나 무기 보유 수를 보고하도록 하고 처벌이나 범죄에 관한 기록도 아주 상세하게 보고하도록 강요하는 이 광신적 조직에게 금융 문제는 큰 골칫거리가 아닐 수 없다.

IS 스스로도 어느 정도의 재정을 보유하고 있는지 가늠하기가 불가능한 상황이다. 그들의 수익금이 달러, 터키 리라, 유로, 그리고 심지어 시리아 리라 등 다양한 화폐로 이루어진 반면, 그들의 지출은 모두 달러로 이루어지기 때문이다. 관리해야 할 액수가 워낙 어마어마하기 때문에 IS에게 환전은 그 자체로 엄청난 골칫거리다. 심지어 이러한 문제로 IS 자산의 가치가 하락하는 상황까지 발생하고 있다.

해안 지방의 알카에다 사령관인 아부 마리아는 이러한 문제가 IS에 엄청난 손실을 가져올 수 있다고 생각한다.

마리아 IS는 독자적인 화폐만 빼고 국가조직이 갖추어야 할 모든 기능을 갖추었다고 할 수 있어요! 현재 서구의 집중 공격을 받는 이 '테러' 조직이 수억 달러에 이르는 금액을 환전하기란 결코 쉬운 일이 아니죠. 심지어 아주 대범한 금융가들도 상당한 위험을 감수해야만 해요! 수수료만 엄청나게 증가하는 거죠. 거의 30%에 달할 거예요. 게다가 시리아 리라는 더 높은 수수료를 지불해야 해요. 결국 시리아 밖에서 시리아 리라를 사용하는 것은 거의 불가능하다고 할 수 있어요.

아부 마리아는 시리아 지도에서 사방으로 뻗은 작은 화살표들을 그리면서 계속 설명했다. 순식간에 이 화살표가 무엇을 의미하는지 전혀 알 수 없게 되었다.

마리아 단, IS의 국경 지역에서 이루어지는 석유 판매 중 일부는 터키 리라로 지불돼요. 하지만 다마스쿠스(시리아 정부 - 옮긴이)는 그들이

판 석유를 IS에서 되사들이면서 시리아 리라로 대금을 지불하고 있어요. 이는 IS를 곤경에 빠뜨리려는 전략이에요. 정말 시리아의 의도대로 되고 있어요! 결국 IS는 시리아 리라를 환전해야 하는 문제에 직면한 겁니다. 엄청난 수수료가 드는 일이지요! 게다가 IS 군인들은 달러로 봉급을 받는 걸 원해요. 시리아에서도 계속 치솟는 인플레이션 때문에 주민들이 달러를 선호하고요. 무기 밀매상도 마찬가지예요. 그들은 가치 있는 화폐 외에는 절대로 다른 화폐를 받지 않아요.

그는 지도를 보여주면서 마치 그 지도가 모든 것을 설명하는 것처럼 더 이상 아무 말도 하지 않았다. 그리고 그의 논리를 계속 피력했다.

마리아 환전할 때 화폐가치 차이로 발생하는 손실 때문에 IS는 수입이 점차 줄어드는 현실에 직면했어요. 그 누구도 이 사실을 언급하고 있지 않지만 알바그다디와 그의 측근들은 이 문제를 심각하게 생각하고 있죠. 라카나 모술에서 탈취한 금괴도 똑같은 문제를 야기해요. 금괴도 제값을 못 받고 최하의 가격으로 팔리고 있으니까요.

7 장

미디어 전쟁과
IS의 공격 무기

SNS 지하드, IS의 위험한 유혹

알바그다디의 군사들이 마을을 차례로 점령할 동안 또 다른 종류의 전쟁도 위세를 떨치게 되었다. 이 전쟁은 보통의 전쟁처럼 유혈이 낭자하진 않지만 중요성 면에서는 결코 뒤지지 않는다. 서구 국가와 IS는 인터넷상에서 쉴 새 없이 대전하고 있다. 이미 IS가 미디어 전쟁에서 엄청난 첨단 기술을 보유하고 있다는 것이 증명되었고, 실제 그들은 불같은 투지로 이 온라인 전쟁에 임하고 있다. IS가 결성되기 이전에 활동했던 다른 모든 지하디스트들과 달리, IS는 탁월한 소셜 네트워크 기술을 보유하고 있다. 특히 트위터에 관련해서 말이다.

IS의 트위터 계정 한 개가 차단될 때마다 수십 개의 다른 계정들이 동시다발적으로 생겨난다. IS의 소프트웨어 기술자들은 '새벽의 기쁜 소식Dawn of Glad Tidings'(트위터 앱)과 같은 특수 프로그램을 고안해냈는데, 이 앱은 IS의 메시지와 동영상을 퍼뜨리는 기능을 한다. '새벽의 기쁜 소식'은 여느 앱처럼 다운로드를 할 수 있으며 앱을 설치한 사람들은 조직의 메시지를 즉각적으로 확인할 수 있다. 거대한 공명상자를 통해 음향이 퍼지듯, 이 앱을 통해 IS의 메시지가 대량으로 확산된다. 이를 통제하는 것은 완전히 불가능하다. 이 때문에 서구 정권은 IS의 프로파간다를 일체 저지하기가 어렵다.

트위터 네트워크 내에 어떤 특정한 개념을 찾는 데 쓰이는 해시태그 hashtag에 대한 전쟁도 똑같이 진행 중이다. 2014년 여름, 세계 월드컵

이 열릴 동안 월드컵과 관련된 트위터 계정을 방문했던 축구 팬들은 해시태그 월드컵에 붙어 있는 IS의 동영상을 어쩔 수 없이 볼 수밖에 없었다. 이는 IS가 월드컵 해시태그를 가로채서 자신의 메시지를 덧붙였기 때문이다. 2014년 9월 IS 프로파간다 사무실(알푸르칸 미디어Al-Furqan Media)의 직원인 압둘라만 알하미드 Abdulrahman al-Hamid는 그의 팔로어들에게 가장 인기 있는 해시태그가 무엇인지 알려달라고 요청했다. 본인의 메시지를 인기 있는 해시태그에 붙이기 위해서였다. 지금은 해직되었지만 아부 라일라Abu Laila라는 이름으로 트위터 활동을 했던 그는 당시 다음과 같은 질문을 던졌다고 한다. "스코틀랜드의 국민투표가 과연 주의를 끌 만한 슬로건인가?"

이 질문의 목적은 무엇이었을까? 이는 스코틀랜드에 대한 정보나 논평을 얻기 원하는 수십만의 구독자들에게 알푸르칸이 제작한 사진이나 비디오를 퍼뜨리기 위한 것이었다. 인기 정보에 IS의 메시지를 덧붙이는 것은 수많은 인터넷 사용자에게 미끼를 던져 걸려들게 하려는 전략이다. 일부 소수의 사람들은 IS가 던진 슬로건에 흥미를 느끼게 되고 심지어 솔깃하게 된다. 이렇게 IS는 쉬지 않고 새로운 팬들을 확보하고 있다.

그들의 프로파간다 캠페인 전략은 항상 동일하다. 트위터 관리자가 IS의 메시지를 즉각 삭제해버린다는 사실을 알기 때문에 지하디스트 정보원들은 메시지를 대량으로 그리고 순간적으로 확산시키는 방법을 사용한다. 이렇게 하면 다수의 'IS 추종자'들은 원본이 사라지기 전에 그들의 컴퓨터나 핸드폰에 정보를 다운로드할 수 있다.

2012년 11월 시리아에서 IS에 의해 피랍된 존 캔틀리John Cantlie의 비디오가 2014년 9월 18일 "귀를 기울여주세요Lend Me Your Ears"라는 제목으로 인터넷을 통해 확산된 적이 있다. 이 동영상은 가히 군사작전을 방불케 하는 수준으로 매우 치밀하고 효과적으로 퍼졌다. 인터뷰 형식으로 촬영된 비디오에서 영국인 포로 존 캔틀리는 IS가 미리 준비해놓은 내용을 계속 반복해서 말하고 있었다. 포로 동영상을 유포하는 것은 그들만의 프로파간다 전략이다. IS는 이 효과적인 도구를 통해 동향인의 처참한 처형 장면을 본 서구 대중들이 공포감에 휩싸이고 사기가 저하되기를 바라는 것이다.

IS는 인터넷상에 자신들의 메시지를 유포하기 위해 유튜브나 저스트페이스트잇justpaste.it 같은 다양한 포털을 사용하고 있으며, 영상을 퍼뜨리기 몇 분 전에 '@with_baghdadi'라는 약자로 표시된 경고 트위터 메시지를 미리 전송한다. '저스트페이스트잇'은 거의 알려지지 않은 포털이지만 IS가 사용하는 프로파간다 도구 중 핵심적인 기능을 한다.

저스트페이스트잇은 무상으로 그리고 익명으로 어떤 비디오든지 게시하는 것이 가능하다. 내용 통제도 전혀 없다. 미국의 면전에서 운영되는 이 포털은 26세의 폴란드 프로그래머가 개발한 것이다. 이 폴란드 청년은 폴란드 남서부 브로츠와프Wroclaw 변두리의 초라한 단칸방에서 사이트를 관리하고 있다. 마리우시 주라베크Mariusz Zurawek는 몇 개월 전부터 100여 개가 넘는 IS의 동영상을 올리고 있다. 간혹 일상생활에 대한 영상도 등장하지만 대부분의 영상에는 사형 장면이나 절단된 두뇌가 찍힌 장면 또는 이라크와 시리아에서 라이브로 촬영한 자살 테러단들의 테러 장면이 담겨 있다. 이 사이트를 방문한 사람들은 미러 사이트mirror site(네트워크 트래픽을 줄이기 위해 컴퓨터 서버를 복사해놓은 사이트 – 옮긴이)를 통해 영상을 다운로드할 수 있으며 다운로드하기 전에 상당히 긴 암호를 취득해야 한다. directmirror.com, sendspace. com, gulfup.com 등이 미러 사이트에 해당한다.

동영상을 단시간에 효과적으로 확산시키려면 컴퓨터에 관한 지식과 엄청난 재치가 필요하지만, 그 외에 별다른 장비들은 필요하지 않다. IS는 이런 방법으로 자신들의 영상을 대량 확산시키고 있다. 물론 서구 국가들은 동영상이 번지는 것을 저지하려고 노력하지만 정보 전쟁에서도 실제 군인들의 전투와 마찬가지로 졸개들의 희생이 따른다. 또한 사이트를 폐지하면 더 많은 사이트가 줄줄이 생겨나기 때문에 IS의 프로파간다를 막기가 쉽지 않은 상황이다.

IS는 수십 개의 트위터 계정을 보유하고 있다. IS가 칼리프 국가를 선포하기 바로 직전인 2014년 6월, 알이티삼Al-Itisam 사이트(시리아에서 동영상을 유포하던 사이트로 IS가 2013년에 인수했다 – 옮긴이)의 회원 수는 이미 5만 명에 육박해 있었다. 코란 구절과 프로파간다 메시지를 동시에 전달하는 아즈나드Ajnad 사이트도 3만 6000명 이상의 회원이 가입되어 있었고, 알푸르칸 사이트는 2만 명, 그리고 중앙 방송 본부인 알하야트Al-Hayat는 5~6개에 달하는 계정을 보유하고 있었다. 이 계정들은 모두 오로지 외국인 지하디스트를 모집하는 데 사용된다. 그리고 이 사이트는 영어뿐 아니라 프랑스어, 러시아어, 독일어, 덴마크어로 번역되어 있다.

또한 2014년 6월에는 IS와 직접적인 관련이 없는데도 IS와 관련된 영상과 담화를 방영하는 온라인 미디어가 30개나 있었다. IS를 지지하는 홍보 조직인 알바타르Al-Battar 미디어는 3만 2000명의 회원을 보유하고 있으며 전 세계 무슬림 공동체에 알바그다디의 메시지를 전하기 위한 플랫폼으로 사용되고 있다.

이라크에서 IS 사이트는 어마어마하게 큰 인기가 있다. 알안바르 지역에서만 5만 명 이상의 팬이 있고, 이라크 북부 모술 지역이 포함된 행정구역인 니네베Nineveh에서도 그 정도의 추종 세력이 확보된 상태다. 사이트 회원 간의 상호 교류와 활동은 IS 사이트 확장에 크게 기여한다. 회원 중 한 사람에게 메시지가 전달되면 그 메시지는 즉시 주위 사람들에게 퍼지고, 결국 몇 분 만에 수십만 명에 이르는 사람들에게 전달된다. 더군다나 리트윗은 수백만에 이르는 네티즌에게 메시지를 전달하는 것을 가능하게 한다.

트위터 관리자들은 IS의 선전용 계정들을 정기적으로 폐쇄하고 있다. 그러나 IS에 의해 개발된 확산 통로를 모두 통제하기에는 역부족이다. SITE Search for International Terrorist Entities 중앙 연구소 소장인 리타 카즈Rita Katz는 IS의 미디어 공세를 막기 위해 서구 국가들이 사용하는 조치들이 전혀 효과적이지 않다고 피력했다. "2014년 6월에 알하야트

사이트가 폐쇄되자 IS는 소셜 네트워크나 지하디스트들의 채팅방을 통해 네티즌에게 즉각 문자를 보냈어요. 그렇게 해서 네티즌들은 예비 계정에 올라와 있는 정보를 실시간으로 계속 추적할 수 있었던 거예요. 결국 48시간 내에 알하야트는 새로운 계정을 통해서 2만 명의 회원들을 다시 소집했어요!" 서구 정보부는 IS 추종자 수를 감소시키는 데 번번이 실패하고 있으며 오히려 그 수가 계속 늘어나고 있다고 보고되었다.

새로운 팔로어는 곧 잠재적인 신병을 의미하며 동시에 그를 통해 수백 명의 팔로어에게 IS가 접근할 수 있는 가능성이 열리는 것을 의미한다. 더 나아가 수천 개의 새로운 계정을 확보할 수 있다는 뜻이기도 하다. 최전선이나 마을의 지하 감옥에서 IS 병사들에 의해 촬영된 끔찍한 영상이 팔로어를 통해 전 세계로 퍼지고 있다.

우리는 이제까지 단 한 번도 경험한 적 없는 특수한 상황에 직면했다. 역사상 가장 잔인한 집단으로 간주되는 폭력 집단이 우리의 사무실이나 거실, 그리고 우리 아이들의 핸드폰에 아무 제재 없이 범람하고 있는 것이다. 부모가 자녀의 트위터를 통제하기란 거의 불가능하다. 단 몇 분 만에 새로운 계정을 만들 수 있으며 한 번의 등록으로 모든 다른 계정에 무제한 접근이 가능하다. 트위터보다 통제가 엄격한 페이스북도 마찬가지다. 더블린에서 작업하는 페이스북 보안 요원들은 "시리아와 연결된 내용들을 통제하기 위해 24시간 인터넷에 매달려 있다"고 말하기도 했다.[17]

IS는 이 가상 전쟁에서 적극적인 공세를 펼치고 있으며 현재 우세한 위치를 점하고 있다. 2014년 9월 초, 이스라엘에서 IS의 테러 단체로 활동하는 알무스라 알마크디시아Al-Musra al-Maqdisia는 트위터가 IS의 계정 몇 개를 폐쇄하자 트위터 직원들을 직접적으로 협박하기 시작했다. 알무스라 알마크디시아는 '외로운 늑대'(테러리스트를 의미하며, 트위터에서 사용되는 개념임)들에게 전 세계 트위터 회사, 특히 샌프란시스코에 있는 트위터 회사를 공격할 것을 요구했다. 이런 협박을 볼 때 트위터가 지하디스트들에게 얼마나 중요한지 가늠할 수 있다.

지하디스트들의 블록버스터

서구의 젊은 청년들은 IS가 눈독 들이는 '쉬운' 먹잇감들이다. IS는 15~25세에 해당하는 청년들을 주로 모집하고 있으며 IS가 제작한 영상의 대부분이 이 연령대를 타깃으로 한 것이다. IS가 최근에 제작해 상당한 인기를 누린 영화 〈검의 소리〉는 할리우드 영화에 절대 뒤지지 않는 영상 효과를 자랑한다. 저속으로 촬영된 대형 폭발 장면과 상당히 현실적인 전투 장면(당연하다!), 그리고 자살 테러 작전의 공중촬영 등이 그러하다. 이 영화는 불행하게도 인터넷에서 쉽게 구할 수 있다. IS 병사들의 찬양으로 뒤덮인 〈검의 소리〉 4편은 감독들이 일종의 지하드 '익스펜더블Expendables'을 연출하려는 의도를 가지고 제작한 듯하다. 그 전에 제작된 다른 세 편도 마지막 편에 절대 뒤지지 않지만, 마지막 편은 특별히 더 공들여 제작되었으며 격한 감동을 추구하는 새로운 지원자들을 유혹하기 위해서 만들어졌다.

IS의 영화 제작자들은 장르를 마구 뒤섞어 놓아서 판단력이 약한 사람들로 하여금 사실과 허구를 혼돈하게 만든다. 〈검의 소리〉에 등장하는 전쟁 장면과 시신들은 실제 상황과 거의 다르지 않다. 이 영화에서 지하드는 관중이 직접 참가할 수 있는 전투나 모험으로 미화되어 나타나며(실제 지하드에 참가하기 위해서는 터키로 가는 편도 티켓 하나면 충분하다!) 보는 이들은 현실과 허구 사이에서 혼란스럽게 된다. 영화가 현실이 되고 그 반대로 현실이 영화가 되는 것이다. 이렇게 혼돈되는 상황을 IS는 일부러 더 극대화해 활용한다.

IS는 마치 서구에서 징집된 하사관이 한 말인 것처럼 꾸민 슬로건들로 웹 사이트를 도배한다. 그들의 광고 중 일부는 비디오 게임의 이미지를 도용한 것이다. 유명한 게임인 '콜 오브 듀티Call of Duty'가 플레이어들을 상당히 현실적으로 묘사된 전쟁의 세계로 인도하듯, IS도 자신들의 캠페인을 촉진하기 위해 똑같은 방법을 사용한다. 이는 그리 놀랄 일도 아니다.

IS는 게임을 연상케 하는 그래픽과 한 손에 칼라시니코프 자동소총을 들고 얼굴은 빛으로 가려진 두 명의 지하디스트가 찍힌 사진을 유포하고 있다. 사진 하단에는 "이것이 바로 우리의 콜 오브 듀티"라고 적혀 있다. 좀 더 가학적인 다른 사진들도 유포하고 있는데, 그중 하나는 피로 얼룩진 권총 한 자루를 보여주면서 다음과 같은 질문을 던지는 사진이다. "당신은 단 한 번 죽을 뿐이다. 그렇다면 순교자로 죽는 것이 어떠한가?"

비디오와 여러 슬로건이 주목을 끄는 사이 매일 새로운 사진들이 웹상에 범람하고 있다. 이러한 사진들을 수집하는 애호가들이 점점 더 늘어나고 있는 듯하다. IS는 전 세계 네티즌들을 대상으로 그들에게 열광하는 추종자들을 모집하고 있다. 눈에 잘 띄지는 않지만 그들이 하루도 빠짐없이 자신들의 승리를 향해 나아가고 있다는 사실에 주목해야 한다. 게다가 실제로 이라크와 시리아로 떠나는 이민자의 수가 매달 큰 폭으로 증가하고 있다.

IS는 약 30쪽 분량의 정기간행물인 ≪다비크Dabiq≫도 발행한다. 이 잡지는 아랍어, 영어, 심지어 프랑스어로도 번역되어 발행된다. 내용은 별로 대단치 않고 글도 서투르며 구조도 엉망이다. 하지만 ≪다비크≫는 인터넷을 통해 유포되는 충격적인 비디오와 짧은 문구들과는 다른 전략적인 목적을 지닌다. 이 잡지의 목적은 난해하고 지루한 기사들을 싣는 것이다. 대부분의 기사는 단 세 줄로 내용을 요약할 수 있을 정도로 대단하지 않다. 또 이 잡지에는 인용 문구와 내용을 계속 똑같이 반복하면서 부풀린 글들이 대부분이다. 이것은 독자들에게 그들의 메시지를 강하게 각인시키기 위한 작전이다.

이 잡지의 목적은 무엇일까? 그것은 처형이나 전쟁 같은 자극적인 장면 이외에 이슬람 교리에 해박한 석학들의 깊은 사상들을 보여주기 위함이다. IS로 떠날 준비를 하던 지원병들도 어느 날 갑자기 법도 신념도 없는 강도떼들과 합류한다는 생각에 불안해하는 경우가 많은데, 이러한 난해한 글들은 이들에게 IS에 대한 그럴듯한 정당성을 부여해 주는 것이다. 아무런 의미도 없는 화려하기만 한 문구로 의지박약한 사람에게 깊은 인상을 주는 것과 같은 맥락이다. ≪다비크≫는 지적인 능력이 결여된 듯한 강도떼들과 함께 싸우기를 주저하는 이들에게 상당히 그럴듯해 보이는 논리와 현란한 문구를 제공한다.

한때 전성기를 누렸던 소련 신문 ≪프라우다Pravda≫를 연상케 하는 이 프로파간다 잡지는 아주 흥미롭고 간결한 구절들이 많이 등장한다. 그중 하나는 "들어라, 복종하라, 그리고 배반하지 마라"라는 문구로, 아부 바크르 알바그다디가 IS 주민들의 의무에 대해 아주 간단하게 묘사한 것이다.

잔인성 뒤에 감춰진 고도의 전략

시리아에서 납치한 영국인들과 미국인, 그리고 프랑스인 에르베 구르델을 살해했을 때, IS는 앞에서 설명한 것과 똑같은 논리를 적용했다. 이데올로기보다 강도질에 더 관심이 많은 사헬 지역의 군사들과 달리 IS는 몸값에 더 이상 관심이 없는 듯하다. IS는 이미 충분히 부유하기 때문에 돈 때문에 포로들을 처형하지는 않는다. 그들에게는 오히려 돈보다 '상징성'이 더욱 중요하다. 2014년 6월 29일, 칼리프 국가를 선포한 순간부터 내가 이 글을 기록하는 순간까지 IS는 5명의 외국인 포로를 참수했다. 제임스 폴리, 스티븐 소트로프, 데이비드 헤인스David Haines, 앨런 헤닝Alan Henning, 그리고 알제리에서 IS에 가담한 어느 추종 단체에 의해 같은 방법으로 참수당한 에르베 구르델도 이에 속한다. 이뿐만 아니라 어림잡아 약 10여 명에 이르는 외국인 포로들이 참수당할 위험에 처해 있다. 가까운 장래에 이 포로들이 풀려나는 것은 아마도 불가능해 보인다. 전쟁이 점점 더 치열해지고 있고 미국 공화당 의원들이 지상군 투입 문제까지 거론하고 있기 때문이다.

　IS가 포로들을 처형하는 끔찍한 행태를 보면 그들이 얼마나 정신적으로 병들어 있는지를 알 수 있다. 이러한 행위는 절대 종교적이라고 할 수 없으며 오히려 사디즘적인 행위에 가깝다. 그런데 이런 방식으로 포로를 처형하는 것도 IS가 신중을 기해 고안한 고도의 심리전이라는 것을 염두에 두어야 한다. 2004년에 있었던 스페인 마드리드 테러 사건을 떠올려보자. 이 사건으로 선거 결과가 뒤집혀 아무도 승리를 예상하지 못했던 호세 루이스 로드리게스 사파테로José Luis Rodriguez Zapatero가 당선되었다. 그 당시 사파테로가 테러리스트들이 요구한 대로 이라크에서의 스페인군 철수를 공약으로 내세웠기 때문이다. 폭탄 하나로 유럽 강국에 속하는 나라의 외교정책이 바뀐 것이다. IS는 이 사건을 모방해서 동일한 목적을 가지고 포로를 처형하는 것이다.

　라카의 정보부 산하에 있는 IS의 미디어 부서인 알푸르칸은 인터넷

설비와 접속에 관한 업무를 담당하고 있다. 이 부서는 다국어에 능통한 30여 명의 직원들로 구성되어 있으며, 독립적으로 운영되지만 규모가 작아 하나의 '중앙행정 기관'으로 분류되지는 않는다. 알푸르칸은 IS 내에서 비교적 독자적인 정책을 추구하고 있으며 상대적으로 자율적인 활동을 한다. 알푸르칸은 의욕으로 가득 찬 동조자들을 선동하기 위해 극도로 잔인한 영상과 이미지를 웹사이트 구석구석에 배포하고 있다. 현재 이 부서는 그 목적을 거의 달성해나가는 듯하다.

8 장

IS 수장과
그 배후 세력의 정체

아부 바크르 알바그다디의 과거에 대해서는 거의 알려진 바가 없다. 분명한 것은 그가 유복한 집안 태생이며 이라크 사마라Samarra 출신이라는 것이다. 알바그다디는 상당히 일찍부터 이라크 급진 세력에 합류했으며 사담 후세인 정권에 의해 비참하게 진압될 때까지 그 세력에서 활동했던 인물이다. 그는 오사마 빈라덴과 여러 명망 높은 살라피스트들의 글에서 깊은 영향을 받았는데, 특히 제1차 걸프 전쟁에서 패배한 사건과 그 후 미국 정부가 펼쳤던 억압정책에서 많은 자극을 받은 듯하다. 걸프 전쟁 동안 이라크는 정기적으로 폭격을 당했고 그 후에도 미국의 엄격한 통제하에 놓여 있었기 때문이다.

사담 후세인이 집권할 당시에는 감시가 워낙 철저했기 때문에 독재 정권을 향한 그 어떠한 반체제 운동도 불가능했다. 더구나 권력은 이슬람 온건파인 수니파의 손에 전적으로 달려 있었고 사담 후세인은 미국과 맺은 조약을 완강하게 거부하는 단호한 태도 때문에 일부 살라피스트들의 호응을 얻고 있었다. 그 당시에 후세인을 상대로 전투를 벌인다는 것은 상상할 수도 없는 일이었다. 그때까지 이브라힘 알바드리 Ibrahim al-Badri라고 불리던 알바그다디는 할아버지의 조언에 따라 이라크 중부의 팔루자Fallujah에서 이슬람학을 공부했다.[18] 알바그다디의 할아버지인 하즈 이브라힘 알리 알바드리 Haj Ibrahim Ali al-Badri는 아랍어 교수로 알바그다디가 어렸을 때부터 그에게 살라피스트 교리를 개인적으로 전수해준 사람이다.

미국의 공격이 시작되기 직전까지 알바그다디는 사마라의 이슬람 사원에서 교리를 전했다.[19] 그는 아프가니스탄에서 빈라덴과 함께 오랫동안 활동한 살라피즘 이론의 대가인 요르단인 아부 무함마드 알마크디시Abu Muhammad al-Maqdisi의 사상에 심취해 있었다. 그러나 알바그다디가 무조건적으로 찬미했던 이 남자는 현재 역설적이게도 IS를 가장 맹렬히 비판하는 비판가가 되었다. 그는 IS를 '정신병자'로 묘사하고 있다.

2003년에 미국이 이라크와 전쟁을 시작한 것은 알바그다디에게 큰 전환점이 되었다. 이 사건 이후로 그는 교리를 가르치는 일을 그만두고 투쟁하기로 결심했다. 그는 그 지역의 다른 살라피스트들과 함께 자이시 알순나Jaish al-Sunna라는 단체를 창설했다. 이 단체는 한때 바그다드와 디얄라 주에서 활발히 활동했는데, 창설 초기부터 적에게 협조하고 있다고 의심되는 이라크 민간인들에게 엄청난 폭력을 가했었다. 그러나 그 당시 이라크는 이미 혼란에 휩싸여 있었기 때문에 알바그다디와 그의 동료들의 이 같은 폭력 행위는 전혀 눈에 띄지 않았다. 이 단체에서 알바그다디는 군사령관도 최고 지도자도 아닌, '샤리아 위원회' 지도자인 판사를 자처했다. 그는 무슨 목적으로 판사 행세를 했을까? 그것은 탐욕스러운 자신의 야망을 숨기고 다른 엘리트들 위에 자신의 권위를 세우기 위해서였다. 그는 종교적 권위가 자신에게 새로운 지위를 보장해줄 것이라고 확신했기 때문이다. 그는 지금도 IS에서 똑같이 행하고 있다.

알바그다디는 이러한 입장을 거의 1년 동안이나 다른 지휘관들에게 주입시키면서 아주 교묘하게 자신의 작전을 수행해나갔다. 알바그다디는 2004년 당시 지역 반란군에서 활동하던 동맹 단체들의 배신으로 미군에 의해 체포되어 투옥된 적이 있다. 그 당시 동맹 단체들은 알바그다디를 권력에 오르기 위해 어떤 짓이라도 감행하는 매우 위험한 야심가라고 판단했는데, 알바그다디와 한때 가까이 지냈던 어느 반란군이 이러한 사실을 털어놓았다.

반란군 이 지역에서 활동하는 자이시 알라시딘Jaish al-Rashidin 조직(다른 수니파 분대)은 알바그다디를 전염병자 취급하면서 경계하고 있어요. 대다수 사람들은 알바그다디가 다른 단체들을 약화시켜서 합병시킬 궁리만 하고 있다고 생각해요. 시아파나 CIA가 알바그다디와 경쟁 관계에 있는 단체의 지도자들을 처형했다고 대개 생각하는데, 사실은 자이시 알순나(알바그다디 분대)가 배후에서 숙청 작업을 조종하면서 벌인 일들이에요. 이건 100% 사실이에요.

음지에서

알바그다디가 2004년 2월에 체포되었다는 기록은 확실히 남아 있으나 그 후에 어떤 일들이 있었는지는 확실치 않다. 언론에서는 그가 2009년까지 5년 동안 투옥되었다고 보도했다. 이는 알바그다디가 투옥되었던 쿠웨이트 국경 지역의 감옥에서 소장으로 있었던 킹King 대령이 증언한 것이다.

그러나 알바그다디는 사실 2006년에 아부 무사브 알자르카위Abu Musab al-Zarqawi의 지휘하에 있던 이라크 알카에다에 합류했었다. 실제로 그가 투옥된 기간은 불과 몇 달에 지나지 않는 것이다. 미국 국방부 자료에 따르면 미국 보호관찰위원회는 알바그다디를 2004년 12월에 석방했는데, 이는 범죄의 심각성을 고려하면 매우 이례적인 일이다. 알바그다디는 꽤 심각한 범죄행위, 즉 한 가족 전체를 납치, 고문, 심판, 그리고 처형한 죄로 기소된 것이기 때문이다.

미국은 왜 그를 석방했을까? 그 누구도 이해할 수 없는 역사상 불가사의에 미국의 저의가 숨어 있다. 뒷부분에서 미국의 의도에 대해 더 자세히 살펴볼 것이다.

폐허 속의 번영, 소멸 직전의 조직과 알바그다디

알바그다디는 석방된 이후 이라크 알카에다에 속하는 라와Rawa 마을에서 이슬람 법정을 지휘하는 사법부 사령관직을 맡게 되었다. 그 마을에서 몇 킬로미터 떨어진 잔나Janna에 거주했던 그의 측근의 말에 따르면 알바그다디는 다른 여느 사령관들과 크게 다르지 않게 행동했다고 한다.

알바그다디의 측근 보통의 농부들은 풍족하지도 부족하지도 않게 아주 평범한 삶을 누렸어요. 하지만 미국인들과 접촉할 경우 언제든 처벌을 받을 수 있다는 사실을 모두 알고 있었죠. 그 지역을 책임졌던 사람들과 그 지방의 유력자들, 그리고 수니파조차 그 사실을 알고 있었어요. 누구든 미국 사절단을 한 번 만나거나 이라크 관리와 한 번 접촉하기만 해도 사형에 처해질 수 있다고요. 어디서 어떻게 형이 집행될지는 아무도 알 수 없었어요. 사람들이 보통 길을 나서기 전에 자동차 엔진이나 수중에 돈이 얼마 있는지 확인하는 것처럼, 솔직히 말해 그 당시에는 알바그다디가 취하는 방법들이 다른 알카에다 지도자들의 방법과 별반 다르지 않다고 느꼈어요. 적어도 규범에 비추어 보면요. 보통의 이라크 사람들이 모두 수긍할 수 있는 정도였지요!

알바그다디는 자신이 이끌던 단체의 명칭을 2006년에 '이라크의 IS'로 바꾸었다. 그리고 몇 달 후 오사마 빈라덴이 그 지역의 알카에다 해산을 선포했는데 당시 이러한 결정은 상당한 혼란을 가중시킬 것으로 보였다. 나중에 다시 언급하겠지만 알카에다는 알바그다디의 단체가 동맹 단체라기보다 적이라는 것을 재빨리 감지한 것이다. 그 후 빈라덴은 알바그다디와 등지게 되었고 계속 일정한 거리를 유지했다. 빈라덴의 후계자인 아이만 알자와히리도 마찬가지다.

같은 해 조지 W. 부시George W. Bush 전 미국 대통령은 이라크에 각성을 위한 협의회Awakening Councils를 설립했다. 이 협의회는 이라크에서 점점 커지는 IS 세력을 저지하기 위해 설립된 것으로, 수니파 청년들로 구성된 민병대이다. 취지도 그럴 듯했으며 특히 알안바르 지역에서 좋은 성과를 거두었다. 그런데 중요한 것은 이러한 작전 때문에 알바그다디가 개인적인 피해를 입었다는 사실이다. 부파라즈Boufaraj 부족(알바그다디의 부인도 이 부족이다)은 2007년 미국 군대와 연맹을 맺었는데, 알바그다디가 미국 정부의 추격을 받는 테러 단체에 소속되어 있다는 사실이 알려지자, 부파라즈족인 그의 부인은 '충성'의 의미로서 같은 부족에 의해 처형당했다. 미국이 '반란군을 잡는 사냥꾼'에게 지급하는 달러의 맛을 본 부족의 원로들이 참수를 명령한 것이다.

시간이 지날수록 이 작전은 엄청난 성공을 거두기 시작했다. 이후 IS는 후퇴하기 시작했고 매일 조금씩 영토를 잃어갔다. 결국 2010년에는 알바그다디 조직에서 42명의 지휘관 중 8명만 남게 되었다. 불행하게도 알바그다디는 생존자 중 한 명에 속했던 것이다.

같은 해, 알바그다디는 자신의 선임자가 처형되자 벼랑 끝에 몰린 조직의 우두머리로 나서게 되었다. 그러나 조직의 지휘관들이 모두 이미 뿔뿔이 흩어진 상태였고, 알바그다디의 야만적인 방법과 완고함 때문에 수니파 공동체 내에서 IS는 따돌림을 받는 조직으로 전락했다. 그러나 이라크 국무총리인 누리 알말리키Nouri al-Maliki가 바보 같은 짓을 저지르는 바람에, 그의 가장 잔인한 적(알바그다디)은 새로운 국면을 맞이하게 되었다. 누리 알말리키의 광신적이고 폭력적인 정치 때문에 수십만의 수니파들이 알바그다디 편으로 전향한 것이다. 아마도 알바그다디는 그렇게 많은 사람이 자신에게 합류하리라고 전혀 예상하지 못했을 것이다.

되살아난 IS

2009년 미국은 이라크에서 철수를 준비하면서 이라크 국무총리에게 각성을 위한 협의회를 계속 유지할 것을 요구했으나 알말리키는 이를 거부했다. 그리고 유능하고 의욕에 넘치는 10만 명의 군사들 중 8만 5000명 이상을 되돌려보냈다! 이보다 더 안타까운 사실은 이라크 국무총리가 많은 군사들을 '사담 후세인 정권'에 협력했던 협력자로 내몰았다는 것이다.

자신의 형제인 수니파를 배신하고 이라크를 구하기 위해 투신했던 이 젊은이들은 시아파가 다수인 이라크 사회에서 갑작스럽게 추방당하는 상황에 처하게 되었다. 아부 바크르 알바그다디에게는 아주 잘된 일이었다. 왜냐하면 국가에 크게 실망한 군사들을 그의 단체에 합류시키려고 이미 서두르고 있었기 때문이다. 각성을 위한 협의회에서 내쫓긴 군사들은 자신들이 곧 잔인한 유혈극에 휘말리게 될 것을 알고 있었지만 다른 선택의 여지가 없었다. IS는 밀사들을 파견해 알안바르, 디얄라, 살라딘, 니네베 같은 지역을 돌아다니며 부족의 우두머리들을 만났고 모든 지역 단체들과 동맹을 맺었다. 이에 대해 잔나 출신인 내 친구는 "알말리키가 내쫓은 8만 5000명의 군사들이 결국 몇 달 후에 IS의 중심 세력으로 들어갔다"고 말해주었다.

알바그다디는 시아파로부터 변두리 지역 주민처럼 취급당한 수니파들의 불만을 최대한 활용한 것이다. 알바그다디는 그들의 불만이 폭발 일보 직전이라는 사실을 이용해, 증오감을 더욱 부추기고 아주 교묘하게 대량 학살을 선동했다. 이라크는 알바그다디가 이 조직의 우두머리로 활동을 개시하자마자 불바다가 되었다.

2010년 10월, 알바그다디 조직은 저녁 미사가 한창 진행 중이던 바그다드에 있는 노트르담 뒤 살뤼Notre-Dame-du-Salut 교회를 공격했다. 너무나 끔찍한 공격이었기 때문에 그동안 잔인한 일을 숱하게 겪었던 이웃들까지도 충격을 받지 않을 수 없었다. 이 공격으로 58명이 목숨을 잃었다. 알바그다디는 권력을 장악한 지 몇 개월 만에 유혈이 낭자한 강렬한 인상을 남긴 것이다.

IS는 2011년 3월과 4월 사이, 바그다드 주위에서만 20건이 넘는 테러를 감행했다. 폭탄이 설치된 자동차, 총격전, 그리고 시장에서의 수류탄 투하 등등. 지하디스트들은 혼란을 가중시키고 증폭시킬 수 있는 것이라면 수단과 방법을 가리지 않고 모두 동원했다. 같은 해 8월 15일에 모술에서 몇 건의 자살 테러로 70명이 목숨을 잃었다. 비슷한 테러 행위들이 정기적으로 행해질 동안 IS의 또 다른 '눈부신 활약'은 12월 22일에 일어났다. 바그다드의 거의 모든 시아파 주거지역에 연속 폭탄이 터져 60명이 목숨을 잃고 200여 명이 부상을 당한 것이다.

IS는 왜 알카에다와 갈라서게 되었나

알아사드 정권에 대항한 시리아 반군과 정부군 간의 맹렬한 내전으로 이라크 IS 사령관에게 새로운 기회가 열렸다. 빈라덴의 후임자인 아이만 알자와히리는 바샤르 알아사드에 대항해서 싸우기에 앞서, 알카에다 부대인 자브하트 알누스라 부대와 연합해 싸워줄 것을 알바그다디에게 요청했다. 결국 자브하트 알누스라 부대는 IS에 빚을 지게된 것이다. 알바그다디는 이라크에서 자브하트 알누스라 부대가 요구하는 물자와 운영에 필요한 모든 것을 공급해주었다. 그러나 최종 결정만 남겨둔 상황에서 알바그다디는 생각을 바꾸었다. 왜 IS가 알카에다의 명령에 복종해야 하는가? 왜 자신의 조직이 번창하고 있는데 영토도 없이 멀리서 활동하는 조직의 종이 되어야 하는가? 그는 시리아를 염두에 두고 자신의 조직 명칭을 '이라크와 샴족의 IS'로 바꾸었다. 그리고 자브하트 알누스라 부대를 직접 지휘하기로 결정했다. 알자와히리는 이를 거부했으나 알바그다디는 알카에다의 명령을 무시하고 2013년부터 단독으로 행동하기 시작했다.

알카에다 지도자들은 힘의 균형이 깨졌다는 것을 즉시 파악하고 타협점을 찾기 위해 동분서주했다. 알자와히리는 알바그다디와 해결점을 찾고자 밀사를 시리아로 보냈다. 그러나 밀사로 간 아부 칼리드 알수리Abu Khalid al-Suri와 그의 일행은 2014년 2월 23일 알레포에 도착하자마자 IS가 보낸 암살자에게 살해되었다. 그 후로 알카에다와의 관계는 완전히 단절된 상태다.

당시 암니가 이 '밀사 암살 작전'을 도맡아 했는데, 알바그다디는 마치 마피아 보스가 재판 전날에 방해가 되는 모든 증인을 제거해버리듯 암니들의 흔적을 철저히 지워버리려 했다. 결국 시리아 암니의 책임자였던 아부 오베이디 알마그리비Abu Obeidi al-Maghribi는 칼리프의 명령에 따라 몇 달 뒤 처형당했다. 시리아 IS의 '국무총리'였던 하지 바카르도 밀사가 처형되기 며칠 전에 암살당했다. 하지 바카르를 잘 알고 있던 아부 무스타파는 주저함 없이 확신에 차서 이렇게 말했다.

무스타파 하지 바카르는 IS의 알카에다 밀사 제거 작전에 반대했던 거예요. 그는 알카에다와 전쟁하기 싫었던 거죠. 그래서 알바그다디가 바카르를 제거한 거예요. 하나 분명한 것은 지나치게 야심에 불타는 이 '칼리프'가 알카에다와의 결별에 만족하지 않고, 알카에다를 짓눌러서 완전히 소멸시켜버리고 싶어 했다는 거예요. 그래서 다른 적들과 마찬가지로 알카에다에 잔인한 방법을 동원한 겁니다.

알카에다 관점에서 본 칼리프의 진짜 얼굴

IS가 세력을 확장할 수 있었던 데에는 전 세계 지하디스트 공동체 위에서 독재적으로 군림하려는 알바그다디의 욕심이 한몫한 것이라고 아부 마리아는 설명했다. 그러나 아부 마리아는 IS 배후에 미국의 직접적인 보호가 있었기 때문에 칼리프가 세력을 확장할 수 있었다고 주장했다. 그리고 정작 IS는 그런 사실을 전혀 눈치채지 못하고 있을 것이라고 말했다. 나는 이런 주장이 알카에다의 관점만을 대변한 것이라고 여겨 전적으로 그 의견에 동의하지는 않지만 충분히 언급할 만한 가치가 있다고 생각한다. 의견에 대한 판단은 독자에게 맡기겠다.

마리아 우리는 지금, 미국이 배후에서 조종하고 있는 전쟁을 치르고 있는 거예요. 미국의 목적이 무엇이냐고요? 알카에다 세력의 발전을 막을 수 있는 대항 세력을 키워서 우리를 파괴하는 거죠. 미국인들은 우리를 전멸시키기 위해, 우리보다 더 잔인하고 폭력적이고 훨씬 더 공격적인 조직과 지도자가 필요했던 거예요. 동시에 이데올로기적으로 좀 허술한 조직이요. 먼 미래에 대한 생각도 없고 장기적인 계획이나 전략도 없는 조직 말이죠. 그 대항 세력의 지도자로 알바그다디가 논의 선상에 오른 것이고요. 그렇지 않고서는 미국이 왜 알바그다디같이 문제가 많은 사람을 석방했겠어요. 알바그다디는 살라피스트 전력을 가지고 있는 데다 고문, 살인, 납치 등의 죄로 고소되었던 사람이잖아요. 미국과 연관 짓지 않고는 알바그다디와 그 주변 인물들에 대해 풀리지 않는 의문들이 아주 많아요. IS의 대다수 고위층 지도자들은 알바그다디와 같은 시기에, 그것도 같은 감옥에 있던 사람들이에요. 시리아 국무총리였던 하지 바카르, 이라크 국무총리였던 아부 압둘라만 알빌라위, 그뿐만 아니라 현재 이라크 국무총리인 아부 무슬림 알투르크마니와 시리아의 현 국무총리 아부 알리 알안바리도 모두 같은 감옥에 있던 사람들이에요. 그리고 알바그다디의 신임을 가장 많이 받은 이들 리브 군사령관인 아부 마이완 알이라키Abu Maiwan al-Iraqi를 빼놓을 수 없죠. 미국인들은 이 사람들을 위험 수위가 아주 높은 인물로 취급했어요. 그들 모두 같은 시간, 같은 장소에 있었다는 배경을 갖고 있어요. 또 모두 심각한 범죄로 투옥되었다가 전부 석방되었고요. 아무런 설명 없이 그냥 석방된 거예요. 미국인들은 바보가 아니에요. 만약 미국인들이 그중 한 명만 풀어주었다면 어느 정도 이해가 가겠지만, 현재 우리가 알고 있는 IS의 모든 지도 세력들이 한꺼번에 풀려났다는 사실이 걸리는 거죠.

그는 말을 이어가다가 우리에게 커피를 대접하려고 잠시 이야기를 중단했다.

마리아 이 사람들은 석방된 이후에 모두 이라크 IS에 합류했는데, 그 당시(2006~2009년) IS는 사실상 미국에 의해 거의 와해된 상태였어요. 그런데 놀랍게도 그들이 살아남은 유일한 생존자들처럼 그 시기에 홀연히 나타나 키를 잡고 조종하기 시작한 거죠. 우연이라고 하기에는 의심 가는 부분이 너무나 많아요. 오사마 빈라덴은 그 상황을 이미 다 파악하고 있었고, 우리도 이 모든 것이 미국인들의 작전이라는 사실을 알게 되었죠. 2006년부터요! 알카에다는 우연히 랜드 연구소RAND Corporation(제2차 세계대전 이후 군사 문제를 연구하기 위해 미국이 세운 대표적인 싱크탱크 - 옮긴이)의 기밀문서를 손에 넣게 되었는데, 그 문서에는 알카에다를 약화·소멸시키기 위해 이라크 지하디스트 조직을 강화해야 한다는 지시 사항이 분명하게 기재되어 있었어요. 미국인들은 장기적으로 볼 때 알카에다가 IS보다 훨씬 더 위험하다고 판단한 거예요. 제가 보기에 미국인들의 생각은 틀리지 않은 것 같아요. IS는 너무 폭력적이고 과격하게 행동하기 때문에, 장기적으로 무슬림 공동체를 이끌어가기에는 역량이 부족해요. 지금 IS는 시작 단계에서 잠시 도취감을 느낄 뿐이에요. 칼리프 국가를 선포해서 충성심으로 뛰어들 준비가 되어 있는 가장 의욕에 넘치는 지하디스트들을 유혹하는 데에는 성공했지만, 몇 년 지나면 더 이상 전쟁이 진전되지 않을 거예요. 게다가 알바그다디의 고집스러움과 폭력성을 못 견딘 수니파 사람들의 불만 폭발할 것이고 결국 IS는 쇠퇴하고 말 겁니다. 유례없는 가장 많은 고아들을 남기고 사라지겠지요. 마찬가지로 알카에다도 사라질 거예요. 자신들의 아이들을 잡아먹고도 남을, 이 탐욕스럽고 미치광이 같은 조직에 의해 파괴될 것이기 때문이죠. 이게 바로 미국의 진짜 작전이에요. 다른 관점에서 보면 미국은 결국 이 작전을 통해 이라크를 계속된 혼란 상태에 빠뜨려, 절대 빠져나가지 못하게 하려는 것이고요.

　그에게 미국이 그러한 작전을 펼치려는 이유가 무엇이냐고 묻자, 그는 잠시 생각하더니 모두 이해된다는 눈빛으로 대답했다.

마리아 전쟁이 일어나기 전에 이라크 석유 생산량이 어느 정도였는지 기억하세요? 하루에 500만 배럴을 생산했어요. 만약 이라크가 다시 정상화된다면 OPEC의 누가 이라크에 할당량을 주겠어요? 아마 아무도 없을 거예요! 이라크가 500만 배럴보다 더 많은 양을 생산할 수 있는 능력이 있다는 점을 염두에 두고, 이라크가 석유 시장에 500만 배럴을 내놓는다고 가정해보세요. 국제 석유 가격은 아마 바닥으로 떨어질 겁니다. 사우디아라비아는 아마 수천억의 손해를 보게 될 거고 누구도 그들을 화나게 하고 싶지 않을 거예요. 미국은 더더욱 아니지요. 즉, 이라크에 계속 혼돈과 혼란이 지속된다면 결국 미국과 동맹국들은 모든 점에서 이득을 얻게 되는 거죠. 적어도 지금은요. 미국이 정말로 이라크와 시리아에서 일어나는 일들을 모두 조작한 것인지는 모르겠어요. 그런데 미국이 펼치는 공습 작전을 보면 그렇다고 믿을 수밖에 없어요. 꼭 어린애 장난 같잖아요. 누가 그런 공습으로 IS를 전멸시킬 수 있다고 믿겠어요? 적대국의 전멸을 목표로 하는 것이 전쟁 아닌가요? 비디오 게임이 아니라 1만 미터 상공에서 펼치는 진짜 전쟁이요. 어쨌든 간에 당신들은 전쟁에서 패하게 될 겁니다. 미국도 그 사실을 잘 알고 있고 모두를 속이고 있다는 사실에 만족하고 있어요. 전쟁에 참가하는 척하고 있을 뿐이에요. 중요한 것은 미국이 목적을 완벽하게 달성해나가고 있다는 사실입니다. 알카에다는 점점 쇠약해지고 있고 IS

는 더욱 강해지고 있어요. 이것이 지금까지의 제1단계이고, 그다음 단계에서도 미국이 원하는 대로 진행될지 두고 봐야겠죠. 왜냐하면 미국이 만들어낸 이 칼리프 국가는 진짜 괴물이기 때문이에요. IS는 자신의 앞길에 방해되는 것은 모두 먹어치워버릴 거예요. 만약 IS가 몇 년 안에 그 자신까지도 삼켜버린다면 당신들은 승리하게 되겠죠. 그런데 만약 일이 잘못되면 이 난장판을 누가 수습할 수 있겠어요!

나는 이러한 해석이 음모자들에게나 환영받을 이론이라고 위험을 무릅쓰고 그에게 설명했다. 음모자들은 9·11 테러도 알카에다의 소행이 아니라고 주장한다. 그는 갑자기 웃음을 터뜨리면서 다음과 같이 말했다.

마리아 미국이 직접 쌍둥이 빌딩을 폭파했다고 주장하는 사람들도 있죠. 그런 사람들은 정신과 치료 좀 받아야 해요. 그 작전이 우리가 계획한 '프로그램' 중 하나였다는 것을 분명히 이해시키려면 9·11 테러가 일어나기 전에 알카에다가 직접 작성한 자료를 보여주기만 하면 돼요. 9·11 작전은 단지 미국에게 피해를 입히려고 계획된 것이 아니라, 아랍 지도자들의 진정한 얼굴을 보여주기 위한 것이었어요. 즉, 아랍 지도자들 중 이슬람의 제일 기본이 되는 원칙을 어기면서까지 이교도들과 동맹을 맺고, 전혀 주저없이 다른 무슬림에게 무기를 들이대는 사람들이 있다는 사실을 알리기 위한 것이었죠. 그리고 우리는 그 목표를 달성한 거예요. 테러가 일어나자 많은 무슬림들은 서방 국가가 조작한 세계의 위선적인 모습을 직시하게 된 것이고요. 즉, 무슬림들은 자신들이 워싱턴에 매수된 몇몇 대통령이나 부패한 왕족에 의해 종속 상태에 놓여 있다는 사실을 깨닫게 된 거예요. 간단히 말하자면, 아무도 알카에다가 9·11을 주도했다는 사실에 이의를 제기할 수 없어요. 몽상가들이나 바보들을 제외하고 말이죠. 하지만 IS는 달라요. IS에 대해서는 객관적으로 바라볼 필요가 있어요. 이 상황에서 이득을 보는 사람이 과연 누굴까요? 당연히 알바그다디겠죠. 그런데 과연 장기적으로 봐도 그럴까요? 알카에다도 IS와 마찬가지로 언젠가는 이슬람 율법이 실현된 '정통 칼리프 국가'가 세계적으로 확장되기를 기대하고 있어요. 시간이 좀 걸리겠지만요. 아주 많은 시간이요. 제가 살아 있는 동안 그것이 실현되기는 어려울 거예요. 넘어야 할 산이 너무 많으니까요. 이슬람 칼리프 국가의 확장은 확고한 의지, 군대의 크기, 그리고 어떤 전략을 세우느냐 등 많은 요소에 의해 좌우되는데, 그중 특히 중요한 것은 다른 사람들을 설득하는 능력이에요. 많은 무슬림이 이슬람에 대한 뒤틀린 비전에 사로잡혀 있고, 동시에 서방 세계도 칼리프 국가가 자신들에게까지 세력을 확장시키지는 못할 것이라고 절대적으로 확신하고 있어요. 무기 창고를 탈취해서 무자헤딘과 함께 무조건 앞으로 돌격하는 것으로는 충분하지 않다는 이야기예요. 제 말을 잘 이해해야 될 거예요. 알바그다디와 그의 군사가 상당히 위험한 세력이라는 것은 확실해요. 내일 당장 사라지지는 않겠죠. 하지만 10년이나 20년 뒤에는 분명히 소멸할 겁니다. IS가 사라지기 전까지 이곳 시리아나 이라크 뿐 아니라 서방 세계에도 유혈이 낭자할 거예요. IS는 분명, 언젠가 당신들을 공격할 겁니다. 그들을 추종하는 세력은 어디에든 있어요. 프랑스, 영국, 그리고 미국에도요. 앞으로 몇 년은 모두에게 괴로운 시기가 될 겁니다. 하지만 IS가 단순히 이슬람을 위해서 봉사하는 것은 아니라는 사실을 명심해야 해요. 오히려 그 반대예요! 알카에다는 무턱대고 공격하지 않아요. 심사숙고해서 전략을 짜고 실행하죠. 군사작전 하나로 모든 문제가 해결되지 않는다는 것을 잘 알고 있기 때문이죠. 그런데 IS는 무력과 공포감을 조성해서 모든 장애물을 제거할 수 있다고 믿고 있어요. 그들은 잘못 생각하고 있는 거예요. 아마 그들은 자신들의 실수를 인식하기 전까지 계속 유혈이 낭자한 일들을 벌일 겁니다. 알카에다가 할 수 있는 것은 아무것도 없어요. 왜 미국이 우리를 그렇게 두려워하는지 아세요? 결코 테러 때문이 아니에요. 우리가 언젠가 진정한 이슬람으로서 모든 무슬림을 합류시킬 것을 알기 때문이죠. IS는 못하지만 알카에다는 분명히 할 수 있어요. 그래서 미국이 알바그다디를 조정하는 거예요. 알바그다디 자신도 모르게 말이지요. 그들이 이런 전략을 쓰는 건, 전쟁이 끝난 뒤에 무슬림들이 더 이상 아무것도 믿을 수 없게 하기 위해서예요. 지난 90년 동안 미국이 무슬림을 종속시켜왔듯이 계속 무슬림을 복종시키기 위해서이기도 하지요. 무슨 일이 일어나고 있는지 잘 들여다보세요. 당신들의 공습 작전은 관중들만 즐겁게 하고 있어요. 미국이 원하는 건 IS가 좀 더 기세등등해져서 알카에다를 전멸시키는 거예요. 미국인들은 여론을 잠재우려고 전쟁하는 척하지만 실제로 그들이 하는 건 아무것도 없어요. 지금 현재는 그래요. 하지만 알카에다만 사라지고 나면 미국은 알바그다디를 공격해서 IS 문제를 어떤 식으로든 해결하겠죠.

알바그다디는 허수아비인가? IS 배후 세력의 존재

IS에서 탈영한 뒤 알카에다로 망명해 현재 이들리브에 거주하고 있는 아부 무스타파는 이러한 의견에 동의하면서도 더 극단적인 의견을 피력했다.

무스타파　알바그다디는 허수아비에 불과해요! 그는 주의를 끄는 데 사용되는 꼭두각시일 뿐이죠. 알바그다디 배후에서 모든 결정을 내리는 좀 더 비밀스러운 조직이 따로 있어요. 칼리프는 들러리에 불과해요.

나는 이러한 음모론에 동의하지 않기 때문에 '베일에 가린 사람들'에 대해 이야기하는 사람들이나 이슬람의 모호한 상태를 엑스파일X-File 시리즈와 혼동하는 사람들을 대개 피하고 있다. 그런데 아부 무스타파가 많은 정보를 가지고 있다는 사실만은 부인할 수 없었다. 그는 지금까지 IS에 대한 최고의 정보를 내게 제공한 사람이다. 그는 알바그다디의 흑색 명단에 올라가 있으며 첫 번째 제거 대상이기도 하다. 또 그는 IS의 시리아 책임자였던 하지 바카르의 개인적인 친구였으며, 조직에서 비교적 높은 자리를 차지했었기 때문에 그의 의견을 간단하게 무시할 수 없었다. 내가 무스타파에게 좀 더 구체적인 설명을 요구하자 그는 상당히 놀라운 일화 하나를 들려주었다.

무스타파 우리는 2013년 말에 이들리브 근처에서 해안 지방의 사령관들을 재조직하기 위한 비밀 모임을 조직했어요. 우리에게 400명 정도의 병력밖에 없었기 때문에, 현지에 머무를지 아니면 라카로 돌아가서 병력 지원을 요청할지 결정해야 했죠. 당시 시리아의 '국무총리'였던 하지 바카르가 그 모임을 주도했고 오로지 그에게만 결정권이 있었어요. 그는 알바그다디가 전적으로 신뢰했던 사람이기도 했고요. 그 모임은 이들리브에서 터키 쪽으로 20km 정도 떨어진 아주 작은 집에서 열렸고 약 세 시간 동안 진행되었어요. 그날 밤 엄청 추웠던 것으로 기억해요. 저는 그 회의에 참석했던 암니의 부하들, 그러니까 전쟁에 참가했던 모든 사령관을 알고 있었어요. 그런데 하지 바카르 옆에 앉아 있던 한 노인은 그날 처음 봤어요. 그가 이라크 사람이라는 것만 알았어요. 그 노인은 회의가 진행될 동안 침묵만 하고 있다가 갑자기 우두머리의 귀에 대고 몇 마디 소곤거렸어요. 그러자 IS 시리아 책임자가 머리를 들어 올리더니 모든 토론을 즉시 중단시켰고, 우리가 그 지역에서 후퇴해야 한다는 결정을 내렸죠. 모두 깜짝 놀랐어요. 그다음 날 이들리브로 이동하면서 저는 제 친구에게 그 전날 밤 도대체 무슨 일이 일어났던 거냐고 물었어요. 그리고 최종 결정을 내린 그 늙은 이라크 사람은 누구인지도요. 그러자 그는 제 팔을 잡아당기더니 체념하는 목소리로 이렇게 말했어요. "네가 모르는 게 좋아. 너를 위해서 하는 말이야." 다른 사람들도 비슷한 이야기를 하더군요. 2014년 1월, 어떤 이라크 사람이 칼리프의 편지를 들고 라카에 왔는데, 그 편지에는 그 노인에 대해 절대 묻지도 말고 간섭하지도 말라고 적혀 있었어요. 그리고 그 노인에게 모든 자료를 검토할 수 있는 권한을 부여한다고 적혀 있었습니다. 심지어 비밀 경찰인 암니의 자료들까지요. 그 노인은 과연 누굴까요? 아무에게도 알려지지 않고 정보부조차 접근할 수 없는 사람일까요?

필자 당신은 그 사람이 미국 간첩이라고 생각하는 거예요?

무스타파 모르죠. 제가 아는 사실은 우리가 모르는 누군가가 칼리프와 IS 정부를 멀리서 조종하고 있다는 사실이에요. 아부 마리아가 말한 것처럼 그 미지의 사람들이 과연 미국인일까요? 아니면 살라피스트들을 이용해서 권력을 다시 얻으려는 사담 후세인의 사령관들일까요? 아니면 주변국들의 소행일까요? 확실하게는 대답할 수 없어요. 하여간 IS를 통치하고 있는 사람은 알바그다디가 아닌 거예요!

이제까지 알카에다가 알바그다디와 그의 조직에 대해 어떻게 생각하는지 살펴보았다. 우리는 이러한 의견이 상당한 정보력을 가진 조직의 관점을 반영한다는 사실을 주지해야 한다. 알카에다는 분명 전 세계 수백만의 무슬림을 사로잡을 수 있는 강력한 조직이다. 알카에다의 이러한 해석은 완전한 허구일 수도 있다. 또는 그 반대로 서구 강대국들이 숨기고 있는 진실일 수도 있다. 그 진실은 알카에다만이 알고 있을 것이다.

9 장

전염병처럼 확산되는
IS 동조자들

알제리 지역의 'IS 추종 세력'

현재 그 누구도 IS의 확장을 막지 못하고 있는 듯하다. 국제동맹군의 공습에도 불구하고 알바그다디의 군대는 쿠르드군과 교전 중인 시리아 북부 코바니의 대부분을 점령하고 있다. 그와 동시에 바그다드로 계속 진격하고 있으며 이라크 수도에서 몇 킬로미터 떨어지지 않은 곳에 대기하고 있다. 장비가 형편없거나(쿠르드족 군사들처럼) 아주 무능한 군사들(이라크 군사들)을 상대로 싸우면서 스스로를 새로운 '이슬람의 기사'라고 부르는 알바그다디의 병사들은, 국제동맹군 면전에서 승리에 승리를 거듭하고 있다.

그런데 더 주목해야 할 것은 IS가 외국에서도 선전하고 있다는 사실이다. 특히 마그레브 지역 중 알제리 이슬람 지역에서는 사실상 알카에다 지도자가 존재하지 않는다고 봐야 한다. 현재 그 지역의 지휘자인 압델말레크 드루크델Abdelmalek Droukdel의 명령을 아무도 따르지 않기 때문이다. 모든 단체가 제각기 전략을 짜고 있으며 서로 다른 목표를 향해 싸우고 있다. 그 결과가 어떻게 나타났는가? 2014년 9월 초, 전혀 알려진 바 없는 한 단체가 '칼리프 국가의 군사들'이라는 이름하에 알바그다디와 동맹을 맺었다고 선언했다. 그들은 15명에 불과했고 아무도 그들에게 주의를 기울이지 않았다. 그 정보는 아무도 모르게 퍼져 나갔다. 워낙 적은 숫자였기 때문에 모두 그들을 대수롭지 않게 여겼다. 그들의 지도자인 압델말레크 구리Abdelmalek Gouri가 마그레브 알카에다 지부의 광신적 지도자 중 한 사람이었는데도 말이다. 모두가 시리아와 이라크에서 벌어지고 있는 사태에 더 집중한 것이다. 적어도 모두 그렇게 생각하고 있다. 그나마 남아 있는 알제리 알카에다는 사헬 지방과 해안 지방의 끝에 격리되어 아무런 영향력도 없이 미미한 세력만을 유지하고 있을 뿐이다. 서구 지도자들은 이 소규모 'IS 추종 세력'의 존재를 문제조차 삼지 않았다. 알제리를 내버려두고 IS에만 집중한 것이다. 서구 국가는 주변 지역을 '청소'할 기회가 언제든지 있다고 생각했다.

그러나 그것은 큰 실수였다. 에르베 구르델의 납치와 처형 사건으로 알제리에 있는 이 IS 연계 단체가 얼마나 유능하고 재빠르며 신념에 넘쳐 있는지 입증된 것이다. 알바그다디가 "프랑스인들을 처단하라"는 메시지를 내보낸 지 며칠이 지나, 모술에서 2000km 떨어진 티지우주 Tizi Ouzou 산악 지역에서 이 단체의 행동 대원들이 참수형을 이행했다. 칼리프의 명령이 문자 그대로 실행된 것이다. 이 보잘것없는 조직의 사령관은 다른 단체도 곧 자신들과 합류할 것이라고 확신했고 실제로 다른 조직이 줄줄이 뒤이어 합류했다. 많은 사람들이 마그레브 알카에다 지부의 옛 멤버들 대다수도 IS에 합류할 것이라고 예상했고, 결국 알바그다디의 지휘 아래 수천만의 병사가 집결하게 된 것이다.

에르베 구르델 사건은 단순 인질 납치 사건으로 끝나지 않는다. IS의 깃발 아래 한데 뭉친 이슬람 단체의 부흥은 해안 지방에서부터 남쪽 국경에 이르는 모든 나라를 혼돈에 빠뜨릴 수도 있는 중요한 사건이다.

이는 한때 난무하던 테러리스트의 위협을 효과적으로 진압하고, 마그레브 지역의 안정적 보루로 여겨졌던 알제리로서는 상당히 위협적인 현실이 아닐 수 없다.

세계 각지에서 쏟아지는 충성

단 몇 달 만에 전 세계 지하디스트들이 대서양에서 태평양에 이르는 모든 무슬림 지역으로 밀려들었다. 2014년 6월 모로코 정부는 북부 지역에서 알바그다디와 동맹을 맺은 조직 몇 개를 해체시켰다고 발표했는데, 이와 동시에 모로코에서 해체된 알바그다디의 동조자들 2000여 명의 군사들이, 유럽으로 건너갈 준비가 되어 있다고 스페인에 경고하기도 했다. 물론 그들 중 100여 명은 시리아로 떠날 준비를 하고 있다.

튀니지의 안사르 알샤리아Ansar al-Sharia 조직은 아직 직접적으로 알바그다디와 동맹을 맺지는 않았지만, 알바그다디를 지지한다는 메시지를 지속적으로 보내면서 IS의 심기를 건드리지 않으려고 노력하고 있다. 튀니지 사람들 중 이미 3000명 이상이 시리아로 떠났고, 이들은 최초의 외국 지하디스트 용병이 되었다. 이 지원병들 중 대다수가 IS를 위해 싸우고 있다. 자유롭고 관대하다고 여겨졌던 이 나라가 이렇게 많은 지하디스트를 배출했다는 사실에 놀라지 않을 수 없다. 튀니지보다 인구가 세 배나 많은 사우디아라비아에서도 2500명 정도의 지원병이 IS에 합류했을 뿐이다.

현재 상당히 혼란스러운 상황에서 정확한 수를 추정하기란 쉽지 않지만 IS에 합류한 리비아 지원병의 수도 압도적으로 많다는 사실을 부인할 수 없다. 리비아의 선봉인 알바타르 이슬람 리비아 부대는 벵가지Benghazi에서 활동하는 안사르 알샤리아 단체와 일시적으로 합류해 전투에 참가하고자 2014년 여름에 시리아를 떠났다. 그들의 또 다른 목적은 아마도 동향인을 칼리프 군대에 합류하도록 설득하는 데 있었을 것이다. 이러한 일들은 2014년 10월 안사르 알샤리아가 알바그다디 지지를 공식적으로 선언하면서 시작되었다.

이집트 국경 근처의 데르나Derna는 현재 '이슬람 청년 단체'가 통제하고 있다. 이 급진파 과격 단체는 공개 처형도 서슴지 않고 행하며 조금의 양보도 없이 철저하게 샤리아를 적용하고 있다. 이 조직도 안사르 알샤리아가 IS 지지를 선언하기 며칠 전에 IS에 충성을 맹세했다. 리바아 동부 전 지역이 현재 IS의 손아귀에 놓여 있는 것이다.

이집트도 마찬가지다. 이집트에서 가장 세력이 크고 시나이Sinai 반도의 절반 정도를 장악한 안사르 바이트 알마크디스Ansar Bait al-Maqdis 테러 집단은 2014년 7월 1일 IS 지지 의사를 밝혔다. 같은 해 여름, 이 단체는 다섯 명의 이집트 정부군을 참수하는 장면을 담은 아주 끔찍한 동영상을 공개했는데, 그 수법이 이라크에서 IS가 행하는 참수형과 거의 일치했다. 이미 이집트 전역에 촘촘한 조직망을 구축한 이 조직은 모하메드 무르시Mohamed Morsy 대통령 퇴임 후, 전국을 피로 물들인 테러를 일으킨 장본인임이 확실하다. 이집트의 압델 파타 엘시시Abdel Fattah el-Sisi 대통령에 의해 주도된 '반테러 전쟁'은 테러 조직만큼이나 너무 폭력적이어서 많은 온건파 이슬람주의자들조차 급진파로 돌아서 게 만들었다. 그러나 안사르 바이트 알마크디스 단체가 야기한 위협적 인 상황은 결코 이집트에만 국한되지 않는다. 그 조직은 이미 이스라 엘, 특히 가자Gaza 지역까지 세력을 뻗치고 있기 때문이다.

위험에 처한 이스라엘

IS는 이스라엘을 목표로 한 아주 분명한 전략들을 가지고 있다. 이스라엘 정부를 공격하기 전에 하마스Hamas(이스라엘에 저항하는 팔레 스타인 무장단체 - 옮긴이)를 먼저 파괴하는 것이다. 이 전략은 아주 간 단한 논리에 의거한다. 이미 심하게 부패하고 팔레스타인 지역 주민에 게 인기도 없는 조직인 하마스는 살라피스트들이 결코 용서할 수 없는 중대한 실수를 저질렀다. 바로 이 단체의 지도자들이 이슬람을 완전히 거스르는 하람haram(코란에 의해 금지된 것 - 옮긴이)으로 취급되는 민 주주의를 도입한 것이다. 즉, 그들은 살라피스트의 입장에서 볼 때 신 의 뜻을 저버리고 사람의 뜻에 따르기로 결정한 단체이다. 지하디스트 들에게 하마스는 어떤 정당성도 갖지 못하게 되었으며 지하드가 시작되자마자 제거해야 될 대상이 되었다. 가자 지구의 이 무리가 샤리아에 굴복하게 되면 그다음 단계로 이스라엘 파괴가 시작될 것이다.

실현 가능성이 없어 보이는 시나리오지만, 안사르 바이트 알마크디스라는 IS 지지 세력이 이미 가자 지구 내 두서너 개의 조직을 확보하고 있다는 사실을 간과해서는 안 된다. 아부 마리아에 의하면 이 조직에 속한 400여 명의 요원들이 현재 이스라엘에서 활동하고 있고, 이 정보는 이미 사실이라는 것이 입증되었다. 즉, 2014년 7월 전에는 아부 마리아처럼 알카에다에 속했으나, 현재 IS 편으로 돌아선 알마크디스 조직은 IS의 이스라엘 침투 작전이 얼마나 성공적으로 진행되고 있는지를 보여주는 사례인 것이다.

이뿐만 아니라 무수한 팔레스타인 군사들도 IS를 위해 싸우고 있다. 팔레스타인 군사들은 100여 명으로 추정되며, 문자 그대로 하마스에 구역질을 느끼고 등을 돌린 사람들이다. 한번 등을 돌린 사람들은 이스라엘 군대인 차할Tsahal의 군사만큼 하마스 조직을 경멸하게 된다.

두 단체의 간극은 결코 극복될 수 없을 것이다. 자신의 권력에만 집착하는 이슬람 마피아와 같은 하마스는 가자 지구 고위 관리 자녀들을 위한 스포츠카를 밀수하기 위해 '영광스러운 팔레스타인 반군'의 지하 터널을 이용하고 있다. 반면 IS는 자신들의 존재 자체를 인정하지 않는 국가들과 그 국가들 간의 국경을 완전히 무시하면서, 전 지구의 이슬람화를 위해 빈곤과 순교, 그리고 투쟁을 열정적으로 지지하고 있다. 야만적 광신주의를 따르는 IS와 의리도 법도 없는 갱 조직인 하마스 사이에 낀 이스라엘은 그들의 과거 역사에서처럼 탈출구가 전혀 보이지 않는 상황에 처해 있는 것이다. 사태는 점점 악화되고 있으며 이스라엘은 과거에 대적했던 적들보다 훨씬 더 위험한 세력이 자신들의 영토를 포위한 것을 무력하게 바라볼 뿐이다.

이스라엘 군대는 상당히 탁월한 역량을 가지고 있으며 철통같은 방어 체계를 갖추고 있지만, 점점 윤곽이 드러나는 이 전쟁에서 속수무책으로 당할 뿐이다. IS는 적지에서 그들의 세력을 넓히는 데 이미 명수가 된 듯하다. 그들은 이미 레바논, 바그다드에서도 성공을 거두고 있다. 이 모든 지역에서 IS는 이미 셀 수 없을 만큼 많은 비활동 세포조직을 확보하고 있다. 이스라엘이 당면한 가장 큰 문제는 알바그다디의 하수인들이 이미 가자 지구에 침투해 있다는 사실이다. 실제로 신베스 Shin Beth(이스라엘 첩보기관)는 이스라엘 지상에 가해지는 위협을 막을 수 있는 능력을 갖추고 있지만, 가자 지구에서 활동하는 이스라엘 정보원들의 세력은 날로 약화되고 있다. 또한 하마스는 경찰국가에서 사용하는 잔인한 방법으로 주민들을 억압하고 있지만, IS의 침투 요원을 색출해낼 만한 실력은 없다. IS 요원들은 레바논 헤즈볼라Hezbollah의 계략을 교묘히 피해가거나 이라크 수도 내에서 유명세를 떨치고 있는 이란 정보부의 작전을 피할 만큼 유능하기 때문이다.

마리아 하마스의 권력은 이미 땅에 떨어졌어요.

아부 마리아는 이렇게 확신하면서 다음과 같이 덧붙였다.

마리아 이제 그 누구도 하마스의 정당성을 인정하지 않는다는 게 중요
해요. 하마스는 종이로 지은 집처럼 와르르 무너져 내릴 거예요. IS는
이제 몇몇 지도자들을 제거하기 위해 적당한 장소에 적절한 인물을 배
치하기만 하면 될 겁니다. 그러면 가자 지구는 잘 익은 과일처럼 IS의
손에 저절로 떨어지겠죠.

이러한 상황은 이스라엘을 더욱 곤경에 빠뜨리고 있다. IS는 이미 이
스라엘 곳곳에, 특히 예루살렘에 발을 들여놓았다. 2014년 2월 알무스
라 알마크디시아 단체는 칼리프 국가 지지를 선포했다. 이 단체는 바
로 트위터 직원들에게 살해 위협을 선포했던 단체다. 다양한 정보 경
로를 통해 확증된 정보에 의하면, 트위터리안의 계정을 동시에 사용 가
능하게 해주는 오브Aube 앱이 이스라엘에 있는 이 단체에 의해 개발되
었다고 한다. 실제로 이 단체에 대해 알려진 사실은 거의 없다. 아부
마리아에 따르면 이 단체는 알카에다가 가자 지구에 세운 세포 조직으
로서 IS에 합류하기 전에 이미 예루살렘으로 근거지를 옮겼다.

여하튼 시리아 분쟁은 점점 이스라엘에 영향을 미치고 있다. 2014년
9월 15일, 자브하트 알누스라 단체는 골란Golan 고원에 위치한 유엔평
화유지군 소속 군사 창고를 탈취했다. 알카에다의 확장도 이미 골칫거
리였지만 2014년 10월 초에 있었던 알마크디시아 단체와 IS의 동맹은

국경 지역 안전에 큰 위협을 가하고 있다. 계속 공격이 가해지면 안 그래도 불안정한 이 지역이 엄청난 혼란에 빠지게 될 것이다.

IS의 다음 목표

레바논도 예외는 아니다. IS 자살 테러단을 책임지고 있는 사령관인 알카라다시는 2013년 한 해 동안 레바논 북부 지역의 비활동 조직들을 다시 활성화시켰다. 아부 마리아의 말에 따르면, 트리폴리에 수많은 IS의 동조자와 중개자가 수니파 공동체를 중심으로 넓게 퍼져서 활동하고 있다고 한다. 바알베크Baalbek도 마찬가지다. 이 도시에서 활동하는 아라르 알순나Ahrar al-Sunna 단체는 2014년 6월 30일에 IS 지지를 선포한 바 있다.

요르단도 남부 도시인 마안Maan과 서부의 자르카Zarqa 거리를 휩쓸고 다니는 IS 동조자들의 확산을 막기 위해 애쓰고 있다. 이 두 도시는 1990년대부터 살라피즘의 명소로 세계에 널리 알려진 곳이다. 아부 마리아는 요르단이 IS의 다음 목표라고 생각한다. 그러나 요르단 정부는 이러한 위협을 이미 감지하고 있으며 철저한 반격 태세를 갖추고 있다. 점점 커지는 위협에 대응하기 위해 예방 차원의 공격을 감행할 준비를 하고 있는 것이다. 2014년 6월 100여 명에 이르는 요르단 정부가 보낸 특수부대 요원들이 이라크로 파견되었는데, 이는 IS 군대의 확장을 저지하기 위한 것이었다. 이들의 작전은 임시적으로 성공했다. 그러나 2014년 9월 9일 IS로부터 요르단을 지켜주던 마지막 전략적 요충지인 알안바르 지역의 세클라위사트Seklawissat와 알지세르Al-Jisser 마을을 이라크 정부군이 포기하고 떠나는 일이 발생했다. 이제 지하디스트는 요르단 국경까지 아무 방해 없이 전진할 수 있게 된 것이다.

그러나 다른 지역보다 안심할 만한 요르단의 특징이 있다. 별로 놀랄 만한 일은 아니지만 요르단 주민들 사이에서 알카에다가 예외적인 인기를 누리고 있다는 사실이다. 이 때문에 IS는 요르단 왕족 살라피스트들의 환심을 사는 데 어려움을 겪고 있다. 좋은 소식인가, 아니면 나쁜 소식인가! 한편 지난여름부터 요르단 국왕은 IS 세력을 저지하기 위한 프로파간다 캠페인을 주도하고 있다. 그러나 아직 아무런 효과를 내지 못하는 듯하며 심지어 역효과를 불러일으키고 있다.

요르단 국왕은 요르단 감옥에 몇 년째 투옥되어 있는 빈라덴의 동료이자 살라피스트 대가인 아부 무함마드 알마크디시를 이용할 수 있다고 생각했다. 요르단 정부는 알마크디시를 이용해 싹트기 시작한 칼리프의 인기를 수그러들게 하고 잠재적인 추종 세력을 저지할 수 있다고 생각한 것이다. 알마크디시는 석방되자마자 알바그다디를 비방하는 대규모 캠페인을 전개했다. 살라피즘 대가가 IS를 맹렬히 비판한다면 이를 본 IS 동조자들의 사기가 꺾일 것이라는 생각에서 나온 전략이었다. 그러나 대다수 사람들은 알마크디시가 왜 석방되었는지 재빨리 파악해냈다. 알마크디시는 전국을 돌아다니며 알바드다디에 대한 비방을 퍼뜨리라는 명을 받고 석방된 것이다. 결국 몇 주도 안 되어서 그는 이슬람주의자들에게 모든 신용을 잃었으며, 새로운 칼리프의 영향력을 더 증폭시키기는 결과를 낳게 되었다.

게다가 요르단이 국제동맹군과 협조한다는 사실은 이슬람 급진주의자들에게 하나의 배신행위로 여겨졌다. 그것은 군주의 지배를 위태롭게 하고 심지어 그의 목숨까지 위태롭게 하는 배교 행위였다. 요르단 살라피스트 공동체의 가장 영향력 있는 지도자 중 하나인 무함마드 알샬라비Muhammad al-Shalabi는 이러한 공격을 '하람'이라고 여겨, "요르단 국왕은 이슬람에 대항하는 새로운 십자가군에 동참하기보다 가자 지구를 공격하는 유대인들이나 공격해야 한다!"고 말했다. 이러한 결정은 정부나 왕족에게 모두 치명적일 수 있다. 알아라비야Al-Arabiya 방송은 "요르단에 이미 수백, 아니 수천의 IS 동조자가 있어요. 이 사람들이 요르단 전체에 잠재 조직을 세우고 있지요. 이들이야말로 진정한 시한 폭탄이라고 할 수 있습니다"라고 요르단 국가 안전을 책임지고 있는 관리의 말을 인용하기도 했다.[20]

IS의 사령관이었던 아부 무스타파도 요르단이 알바그다디의 전략상 매우 중요한 지역이라고 본다.

무스타파 알바그다디는 여러 가지 이유 때문에 요르단을 점령하고 싶어 합니다. 우선 알바그다디는 승리를 거둘수록 수니파가 자동적으로 그를 따를 것이라고 믿고 있어요. 그중에 요르단도 포함되지요. 게다가 알바그다디는 요르단을 정복함으로써 그의 통제구역 밖에 있는 시리아 남부 지역까지 접근할 수 있는 통로를 확보하려고 해요. IS는 이 통로를 통해서 바샤르 알아사드와 다른 반군 세력들, 양쪽을 모두 침략하려는 거죠. 그뿐 아니라 요르단을 정복하면 알바그다디는 바다로 통하는 통로도 확보하게 될 겁니다. IS는 '밀매'를 통해 이미 충분히 재정을 충당할 수 있지만, 해양 통로를 확보함으로써 새로운 길이 열린 것이죠.

그러나 아부 무스타파는 요르단에 가해지는 위협이 아주 심각한 수준은 아니라고 본다.

무스타파 요르단은 아주 탁월한 정보기관인 무크하바라트Mukhabarat를 보유하고 있어요. 그리고 요르단의 군대도 비교적 잘 조직되어 있고요. 특히 무자헤딘들이 요르단을 침공하면 미국이 즉시 나설 겁니다. 이미 요르단 정부와 밀접하게 협조하고 있는 이스라엘처럼 말이죠. IS는 아직 그런 일에 대처할 준비가 되어 있지 않아요. 우선은 시리아와 이라크 점령 지역을 강화시켜야겠지요. 하지만 언젠가는 요르단도 그들의 공격 대상이 될 거예요.

쇠퇴하고 있는 알카에다

지구 전역에 있는 다른 지하디스트 조직들도 차차 IS에 합류하고 있다. 타리크 알힐라파Tarik al-Khilafah 파키스탄 탈레반 조직(2014년 7월 10일), 필리핀 아부 사야프Abu Sayyaf 부대(2014년 8월 15일), 그리고 파키스탄 테리크 알탈레반Terik al-Taliban(2014년 10월 3일) 등 역사적으로 알카에다의 활동지였던 지역 단체들이 알바그다디의 권위를 인정하면서 동맹을 맺고 있다. 빈라덴의 후임자인 알자와히리가 맡고 있는 알카에다의 붕괴는 이미 자명한 사실처럼 보인다.

알카에다의 영향력은 예멘에서도 흔들리고 있다. 전략적으로 큰 의미를 가지고 있는 이 지역은 알카에다의 가장 호전적인 조직인 '알카에다 아랍 반도 지부AQAP: Al-Qaeda in the Arabian Peninsula(이하 AQAP)'가 장악하고 있다. 정기적으로 미국 지상군에 대한 공격을 감행하기도 했던 이 조직은 알자와히리의 자랑이었다. 그런데 이 조직도 2014년 8월 20일 칼리프를 '지지'하겠다고 나섰다.[21] 아직 동맹을 맺은 것은 아니지만 그렇게 될 날이 머지않았다. 공동성명서에서 IS를 형제라고 지칭하며 '알카에다의 아랍 반도 지부'가 IS와 '결속 관계'를 맺기로 했다는 사실을 분명하게 밝혔다. "그들의 피와 그들의 상처, 그것은 모두 우리의 것이나 다름없다"라는 메시지를 공개적으로 선포하고 있으며 IS 지도자들에게 아주 정확한 조언을 아낌없이 주고 있다.

우리는 드론에 대한 문제도 이미 잘 알고 있으며 이라크에 있는 우리 형제들에게, 목표물 확인을 도와주는 비밀 정보원들을 특히 경계할 것을 조언한다. 그리고 휴대전화나 인터넷도 항상 조심스럽게 사용해야 한다. 또한 한 장소에 집결하는 것과 무리 지어 이동하는 것을 피해야 하며 항상 농가에 분산되어 칩거하거나 비행기 소리가 들리면 나무 밑에 숨어야 한다. 참호를 아주 깊게 파야 한다는 사실도 잊어서는 안 된다. 참호는 폭격의 충격을 완화시킬 것이다.

공동성명서에 적힌 이 내용은 꼭 맏형이 막내 동생을 걱정하는 듯한 느낌이다. 아니면 바로 이러한 친근감의 표현이 메시지의 목적인지도 모르겠다. 아주 세심한 부성적 표현은 그들의 거만함을 드러내는 동시에 친근감도 불러일으키기 때문이다. AQAP는 군사들의 지지를 잃지 않기 위해 알바그다디에 동조하는 척하지만, 아직까지 알바그다디 밑으로 들어갈 생각은 없는 것처럼 보인다. 또한 이 지부는 알바그다디를 모방하고 있으며, 2014년 8월 9일 예멘 군대 소속의 군인 14명을 참수하고 인터넷에 동영상을 올리기도 했다. 처음 있는 일이었다.

압둘가니 AQAP는 이전에는 절대 이런 학살 행위를 하지 않았어요.

AQAP가 확실히 IS를 모방하고 있다고 예멘 전문가 압둘가니 Abdul Ghani가 말했다. 그는 휴먼 라이츠 워치 Human Rights Watch (인권 문제를 연구하는 국제 비영리 단체로서 미국에 본부를 두고 있다 - 옮긴이)를 위해 오랫동안 AQAP를 주시해온 사람이다.

AQAP는 지지자들을 잃지 않으려고 알바그다디의 잔인성을 모방하고 있는 것이다. 왜냐하면 전 세계에 흩어져 있던 지하디스트가 IS에 합류하기 위해 이라크로 모여드는 현실을 목격했으며, 이것은 곧 이 지부의 인명 손실을 의미하기 때문이다. 아부 마리아도 여러 명의 부하를 잃었다고 고백했다. 그들은 자브하트 알누스라를 떠나 IS 집단에 합류한 것이다.

마리아 특히 외국인들이 더 많이 몰려들고 있어요. 자브하트 알누스라는 칼리프 국가를 시리아에 세우길 원했지만 IS는 국경 따위에는 애초에 관심도 없었어요. 알바그다디와 함께 싸우기 위해 오는 유럽인들, 심지어 아랍인들까지도 알바그다디의 무국적 사상 때문에 더 끌리고 있는 것 같아요. 자브하트는 이전처럼 시리아 조직으로 남게 될 겁니다. IS는 한 번도 시리아에 속했던 적이 없어요. 국적도 없고요.

아부 마리아는 한때 자신의 분대에 속했던 프랑스인 두 명을 IS에 빼앗겼고, 그의 곁에서 함께 싸우던 거의 모든 유럽인들도 빼앗겼다고 말했다.

소말리아 테러 무장단체인 알샤바브Al-Shabab는 여전히 알카에다에 충성하고 있지만 그의 대다수 조직원들은 IS에 합류해서 싸우고 있다.

아부 무스타파도 이러한 추세를 인정했다.

무스타파 그런 선택을 한 사람들은 시리아와 이라크에서 족히 수백 명은 될 겁니다. 튀니지 지하디스트들이 '안사르 알샤리아'가 힘도 없고 권한도 없는 조직이라고 생각하는 것처럼 모두 똑같은 생각을 하고 있는 거예요. 다들 알샤리아가 알바그다디와 동맹을 맺지 않으면 결국 고아 신세가 될 거라고 생각해요. 이 조직은 수천 명에 이르는 튀니지 병사가 시리아에서 싸울 동안, 자신의 나라에서 몇 안 되는 군인들과 함께 힘겨운 투쟁을 했어요. 병사들이 떠난 이유가 무엇일까요? 이슬람을 방어하려는 젊은 무슬림들은 이미 이 조직을 과거의 퇴물 조직으로 여기고 있고, 알바그다디와 동맹을 거부하는 것은 곧 이슬람으로서 참된 의무를 저버리는 행위라고 생각하기 때문이에요. 곧 모든 살라피스트 조직에게 IS 합류는 생존과 직결된 문제가 될 겁니다. 그렇게 하지 않으면 진정한 무슬림들이 모두 그들에게서 등을 돌릴 테니까요!

모로코에서 필리핀에 이르는 지역에 이미 수많은 단체가 IS와 동맹을 맺었으며 알카에다는 존재 자체를 위협받고 있다. 알카에다는 국제 동맹군이 시리아를 폭격하기 시작하자 '연대감'을 내세워 IS와 함께 싸우고 있다. 그러나 이러한 전략적 협조는 그의 경쟁자인 알바그다디에게 아무런 영향을 미치지 않을 것이다. 최악의 경우 알카에다는 알바그다디가 치르고 있는 전투에 그의 군사들과 자금을 바칠 것이고, 결국 알바그다디보다 열등한 제2의 조직이 되는 위험을 감수하게 될 것이다. 공식적으로 동맹을 맺은 것은 아니지만 알카에다가 알바그다디에게 협조하는 것은 이미 쇠퇴하고 있는 알카에다 조직에 결정적인 한 방을 날릴 것이다.

10 장

이슬람국가
VS
국제동맹군

이미 패배한 전쟁

2007년 바그다드에서 있었던 일이다. 이라크 병사 교육을 담당했던 어느 미국인 지휘관이 다소 절망적인 목소리로 다음과 같은 사실을 털어놓았다.

미국인 지휘관 아프가니스탄에서 병사들을 훈련시킨 적이 있어요. 아프가니스탄 신병들은 그들의 머리 위로 총알이 날아오는데도 있는 힘을 다해 적에게 대항했어요. 그런데 여기 이라크 병사들은 첫 번째 발포가 있자마자 놀란 토끼처럼 도망가기 바빠요!

이와 같은 사실에도 불구하고 미국은 아무 생각 없이 이라크에 계속해서 투자하고 있다. 미국은 새로운 이라크 군대를 교육시키고 조직하는 데 지금까지 200억 달러가량을 쏟아부었으며, 그 비용은 지금도 계속 상승하고 있다.[22]

미국인 지휘관 행진도 제대로 못하는 오합지졸들에게 미국은 거액을 투자하고 있는 거예요.

돈으로 군사령관 승진도 따낼 수 있는 이 오합지졸 군대가(지위에 따라 가격이 다르다) 국제동맹군 작전에서 핵심적인 역할을 하고 있는 것이다. 이 군대는 2014년 버락 오바마Barack Obama 미국 대통령에 의해 설립되었는데, 이는 그가 국제동맹군의 지상군 파견에 반대했기 때문이다. 오바마 대통령은 "누구도 그 지역 통치자들이 마땅히 해야 하는 일을 대신할 수 없으며 그들이 스스로 지역의 안전을 책임져야 한다"고 이라크 군대 설립 목적을 설명했다. 그리고 미국, 프랑스 등 여러 국가가 참여한 국제동맹군은 '사망자 없는' 전쟁을 목표로 한다. 하지만 유감스럽게도 이들이 공습으로 인해 얻을 수 있는 것은 '성과 없는' 전쟁일 뿐이다.

두 달간의 공습으로 300여 개의 차량과 20개의 원유 정제소(모두 값어치가 크지 않고 유동적이며 그다음 날 바로 대체 가능한 시설이다), 30개 정도의 군사기지(대부분 비어 있다), 그리고 70개 정도의 '감시소'를 폭격했다. 그러나 사실 이 감시소는 공습 전부터 모든 것이 정리된 빈 건물에 불과했다. 그렇다면 국제동맹군의 성과라고 할 수 있는 것은 바로 25명의 IS 병사들뿐이다.[23] 희생자 수가 증가하자 오바마 미국 대통령은 그제야 시민들에게 전쟁이 장기화될 것이라고 경고했다.

국제동맹군의 공습으로 IS의 석유 생산이 잠시 중단되긴 했지만 정작 군대는 전혀 피해를 입지 않았다. 파괴된 목표물들이 전략적으로 큰 가치를 지닌 것도 아니었다. 국제동맹군은 매일 미디어를 통해 엄청난 대가를 치르고 얻어낸 자신들의 승리를 떠들어대지만, 사실 IS는 서구의 공습으로 어떠한 타격도 입지 않은 것이나 마찬가지다. 국제동맹군은 IS의 사기를 저하시키지 못하는 것은 물론, 그들의 조직 구조에 피해를 입히지도 못했다. 더 심각한 것은 공습이 시작된 이후에 오히려 알바그다디 군대의 사기가 더 높아지고 있다는 사실이다. 마치 폭격은 있지도 않았다는 듯이 말이다.

즉, 서구의 미사일 공격에도 불구하고 지하디스트들은 전혀 흔들림이 없다. IS 지도자들 중에 서구의 폭격으로 목숨을 잃은 사람도 없을 뿐 아니라, 오히려 그들은 북부에서 남부에 이르는 전 국경 지역으로 계속 전진해나가고 있다. 국제동맹군이 폭격을 가할 동안 시리아 지역 IS는 터키 국경 근처에 있는 쿠르드족의 본거지인 코바니를 대대적으로 공격했다. 이러한 사실로 보아 시리아 IS가 알카에다 아랍 반도 지부인 AQAP의 조언을 전혀 따르고 있지 않다는 것을 확인할 수 있었다. 알바그다디의 군사들은 폭격이 진행될 동안 AQAP의 조언에 따라 나무 밑에 숨기보다 더 공격적으로 행동했다. 국제동맹군의 공습으로 이들을 저지하는 것은 불가능해 보인다.

더 심각한 문제는 같은 기간에 IS가 모술과 알안바르에서부터 바그다드로 진격하면서 이라크 정복에 나섰다는 사실이다. 이라크 군대의 방어 전선은 계속해서 무너지고 있으며, 이라크 군인들은 지하디스트의 프로파간다에 지레 겁을 먹고는 하나둘씩 군대를 떠나고 있다. 즉, 거대한 규모를 자랑하는 이라크 군대의 군사들도 그들이 얼마나 위험한 임무를 수행해야 하는지 감지한 것이다. 이라크의 용맹스러운 수비군조차 위험을 감수하기보다 군복을 벗어던지고 집으로 돌아가는 것을 택하고 있다. 반면 IS는 아무런 거리낌 없이 계속 전진하고 있으며,

현재 바그다드에서 20km 떨어진 곳까지 진격한 상태다.

알바그다디의 군사들은 어떻게 수백 킬로미터에 달하는 사막을 건너 바그다드로 전진할 수 있었을까? 엄청나게 운이 좋았던 것일까, 아니면 마술이라도 쓴 것일까? 혹시 투명인간은 아닐까? 어떻게 국제동맹군의 인공위성과 쉬지 않고 이라크를 감시하는 드론들, 전투기들을 피할 수 있었을까? 이럴 때는 국제동맹군이 가지고 있는 장비가 과연 제대로 작동하고 있는지 한 번 더 의문을 갖지 않을 수 없게 된다.

무자헤딘은 서구의 공격에 대비해 IS 전 지역에 그들의 부대를 분산시키고 '소규모전'을 이곳저곳에서 계속 유발해야 한다는 것을 잘 알고 있다. 또한 서구를 눈속임할 허위 목표물들을 증가시켜야 한다는 사실도 알고 있다. 라카 주변에 분산되어 있는 소규모 정제소를 폭격할 것인가? 아니면 유정을 폭파할 것인가? 무기 창고(비어 있음)는 어떨까? 아니면 시리아 쿠르드족을 공격하는 부대나 알안바르에서 바그다드에 이르는 국경 지역을 동시에 공격하는 부대를 습격해야 하는가? 많은 전문가가 국제동맹군의 공습이 가진 한계를 이미 예견했듯이, IS의 이러한 분산 작전들 때문에 서구의 공격은 무용지물이 되고 있다.

사실 공습 하나만 가지고는 어떠한 성과도 얻을 수 없다. 적들은 이미 국제동맹군의 작전을 예측하고 있고, 국제동맹군이 절대로 목표물을 찾아내지 못하도록 광범위한 지역에 흩어져서 작전을 펼치고 있기 때문이다. 이 때문에 서구가 성과를 내기란 쉽지 않다. IS에서 무기와 군사 장비 운송을 책임지고 있는 아부 셰마 사령관은 대부분의 무기 제조소를 눈에 띄지 않게 꼭꼭 숨겨놓았다. 반면 국제동맹군은 현지 정보의 부재로 인해 IS의 중요 무기가 숨겨진 위치를 전투기로도 전혀 추적하지 못하고 있다.

내 친구 타레크는 알바그다디가 고의적으로 노출시키고 있는 몇몇 마을을 제외한 지역에서 전체 군사 장비의 1/3 정도가 노출되었다고 말했다. 그 외 나머지 장비들은 농가나 참호, 협곡 또는 위장용 그물이나 나무 아래 숨겨져 있다고 한다. 아주 간단하고 원시적인 방법이기는 하지만 국제동맹군의 폭격을 피하기에 충분할 것이다. 처음에 국제동맹군은 영국 전투기로 일곱 시간 동안 공격했으나 결국 실패하고 말았다. 영국 전투기 조종사들은 일곱 시간 동안 결국 아무런 목표물도 찾아내지 못한 것이다.

그 후 서구는 지프차나 의심되는 몇몇 건물들과 같은 전략상 별 가치가 없는 목표물에만 집중하고 있다. IS의 동선을 파악할 만한 신빙성 있는 정보를 얻지 못한다면 국제동맹군의 공습은 실패할 것이 자명하다. 시리아인권감시단SOHR: Syrian Observatory for Human Rights의 집계에 의하면 국제동맹군의 폭격으로 2014년 9월 말, 애꿎은 29명의 민간인만 목숨을 잃었다.

2014년 9월 29일, 미국이 미사일로 만지브Manjib 곡물 저장소를 공격해 또다시 두 명의 민간인이 사망했다. 이러한 결과는 서구의 공습이 어떤 식으로 진행되고 있는지를 잘 보여준다. 국제동맹군의 전략(곡물 저장소가 폭격 목표인가?)에 대해서는 토론할 가치조차 없어 보인다.

BBC는 웹사이트에 영국 국방부가 제공한 영상을 올렸는데, 그 영상에는 제2차 세계대전 때 사용되었던 소련의 구식 무기인 DShK 기관총으로 무장한 낡은 도요타 자동차가 등장했다. 바로 이러한 구식 장비가 우리의 공격 목표인 것이다. 국제동맹군이 전개하는 작전과 그 작전으로 얻은 보잘것없는 결과가 만들어낸 부조리는, 이 전쟁이 내포하고 있는 핵심 문제들이 무엇인지 잘 보여준다. 지상군을 투입하지 않을 경우, 우리는 계속 전투기가 소형 트럭이나 뒤쫓는 장면을 승리인 것처럼 우스꽝스럽게 떠들어대야 하며 결국에는 적군에게 상처 하나 못 입히는 결과를 초래할 것이다. 국제동맹군의 폭격보다 훨씬 강력하고 잔인한 바샤르 알아사드의 융단폭격도 IS의 진격을 전혀 막아내지 못했다. IS는 오히려 매년 점령 지역을 넓혀가고 있으며 무기와 돈, 그리고 더 많은 군인들을 확보해나가고 있다.

마리아   전쟁 자체가 우리의 일상이 되어버렸어요. 우리는 이미 몸을 사리고 다니는 것에 익숙해졌고 폭격을 피해 물건, 사람들, 그리고 우리의 돈을 보호하는 것이 일상이 되어버린 거예요. 몇 년 전부터 말이에요. 15개나 되는 국가가 연합해서 IS를 상대로 싸우고 있어요. 그런데 15개 국가가 IS 하나를 전혀 건드리지도 못하고 있죠. 물론 군사들이 목숨을 잃기도 하고 무기가 파괴되기도 해요. 하지만 IS 군대는 즉시 그들을 대체할 수 있어요. 만약 당신들이 칼리프를 살해한다고 해도 IS는 곧 그를 대신할 인물을 찾아낼 거예요. 서구가 IS를 끝장내기 위해 사용하는 무력 방식에 대해 알바그다디는 이미 꿰뚫어 보고 있어요. 어떻게 방어해야 할지 완벽하게 알고 있는 거예요. 제가 이렇게 말할 수 있는 건 저에게도 그 패턴이 보이기 때문이죠. 예를 들어볼게요. 당신들은 절대 바샤르 알아사드처럼 무시무시한 폭탄을 투하하지는 않을 거예요. 그리고 지하디스트가 사원이나 학교, 병원을 그들의 은신처로 삼고 있다는 것을 알면서도 그곳들을 폭격하진 않겠죠. 또 여자들과 아이들 사이에 끼어 있는 군사 몇 명을 죽이려고 살인 가스를 투입하는 등의 행동도 하지 않을 거예요. 그리고 서구의 군인들을 모든 마을과 모든 지역에서 필사적으로 싸우도록 도살장으로 보내지도 않을 거고요. 왜냐하면 그들 중 대부분이 참수형에 처해질 걸 뻔히 알고 있으니까요. 설사 이런 작전을 시행하려고 마음먹는다 해도 실행에 옮기기는 힘들 거예요. 더 중요한 것은 당신들보다 먼저 그런 식으로 우리를 괴롭힌 사람이 있다는 사실이에요. 그리고 그들도 결국에는 성공하지 못했어요. 우리에게 지옥 같은 경험을 하게 만든 알아사드 군대도 IS를 무너뜨리지 못했어요. 전쟁과 폭격이 IS를 오히려 단련시켜 준 거예요. 아무리 미국, 프랑스, 러시아가 미사일을 발사한다 해도 그들은 꼼짝도 안 할 겁니다. 당신들은 결국 패배할 거예요.

이 전쟁은 마치 난센스 같다. 서구의 공습이 효과를 보기 위해서는 목표물의 위치를 정확하게 알려줄 정보원과 정확한 정보망이 필요하다. 불행히도 현재 서구의 작전은 이러한 것 없이 무턱대고 진행되고 있다. 별로 중요하지도 않은 목표물을 보여주는 사진이나 지도에 근거하고 있기 때문이다. IS는 모든 중요 시설을 계속 이동시키고 분산시키고 은폐하기 때문에, 지금 상태에서는 서구의 공습 작전이 성공할 확률이 거의 없다고 봐야 한다.

정확한 정보가 부재하자 국제동맹군은 눈으로 확인할 수 있는 모든 것을 무턱대고 공격하고 있다. 도로를 봉쇄하는 바리케이드나 군대 차량, 그리고 행정 건물이나 불법 정제소 등이다. 그러나 이렇게 시간만 많이 소모되는 작전들은 우리의 적이 가진 역량을 고려할 때 전혀 효과가 없다고 할 수 있다. IS는 세력도 약하고 조직도 엉성한 말리의 무장 단체와는 다르다. 사실 서구는 그 엉성한 말리 무장단체조차 진압하지 못하고 있다. IS는 고물 총과 대검으로 무장한 중앙아프리카의 노상 강도떼가 아니다. 서구 국가들이 상대하고 있는 이 조직은 사기가 충만하며 잘 조직되어 있는 5만 명의 군사를 거느린 거대 조직이다. 그리고 이 군대를 조직한 국가는 1년에 10억 달러 이상의 수입을 올리고 있는 부유국이다. 또 그들의 우두머리는 전 세계에 있는 가장 급진적인 단체들을 규합하고 있다. 에르베 구르델 사건에서 알 수 있듯이 알바그다디는 알제리에 있는 단체까지 마음대로 조종할 수 있으며, 그들에게 "프랑스인을 죽이라"는 명령도 내릴 수 있는 권위를 소유하고 있다. 우리가 그들을 상대로 소위 '전쟁'을 치를 동안, 칼리프의 군대는 터키 국경과 이라크 수도에서 동시에 활개를 치며 전진하고 있다. 서구 국가들은 그들이 과연 국제동맹군의 존재를 인식이나 하고 있는지 묻지 않을 수 없다.

서구의 전략은 어처구니없는 비극에 직면해 있는 듯하다. 즉, 우리의 전략은 적을 현실적으로 물리칠 방법을 제시하는 것이 아니라 그저 매우 분개하고 있는 여론(아주 당연하다)을 달래는 데에만 몰두하고 있는 것 같다. 프랑스가 국제동맹군에 가담한 것은 두 가지 면에서 상당히 우려되는 문제점을 내포한다. 첫 번째 문제는 가담한 동기에 관한 것이다. 그것은 니콜라 사르코지Nicolas Sarkozy가 리비아를 자신의 홍보 수단으로 이용했던 것과 같은 맥락이다. 프랑수아 올랑드 대통령은 곤경에 빠진 민간인을 구하러 달려가기보다 신뢰를 잃은 자신의 입지를 강화하기 위해 국제동맹군에 가담했다. 두 번째 문제는 IS의 약점이 무엇인지 프랑스도 인식하고 있기는 하지만, 다른 국제동맹군처럼 근시안적 전략에만 몰두하고 있다는 사실이다. 프랑스는 폭탄 몇 개와 쥐꼬리만 한 '선한 의도'로 탄탄한 재정을 가진 이 잔인하고 정복욕이 강한 국가를 무너뜨릴 수 있다고 생각한다.

지상군 투입은 필요한가

적의 군사적 역량과 비교할 때 아주 유치찬란한 전략들이 일부 군대 관계자들에 의해 제시되고 있다. 영국 군대 책임자였으나 지금은 은퇴한 리처즈Richards 장군은 2014년 9월에 다음과 같이 발표했다.

우리는 지금의 공습으로 결코 IS를 물리칠 수 없습니다. 우리의 목표를 달성하려면 전통적인 방법으로 전쟁을 치러야 합니다. 2003년 이라크 공격 때처럼 우리는 지상군을 투입해야만 합니다.

코바니의 쿠르드족도 같은 입장을 취하고 있다. "국제동맹군의 공습으로는 절대 충분하지 않아요!" 이 지역의 전투원 대변자인 이드리스 나사Idriss Nassa도 "비행기로는 지하디스트 한 사람 한 사람을 절대 찾아낼 수 없어요"라고 말했다.

이 같은 사실은 IS가 더 잘 알고 있다. IS 병사들은 국경 지역에 광범위하게 분산되어 있으며 철저한 방어 태세를 갖추고 있다. 또 그들은 절대 무리 지어 이동하지 않는다. 공습 시 피해를 최대한으로 줄이기 위해 차량과 중장비 무기들도 이곳저곳에 분산시켜서 보관하고 있다.

미국 의회 의원들은 전쟁 초기에는 서로 의견이 일치했으나 시간이 갈수록 지하디스트가 계속 승승장구하자 분열되기 시작했다. "우리가 적에게 지상군을 절대 투입하지 않을 거라고 예고한 것은 결코 좋은 생각이 아니었던 것 같습니다. 우리는 특수부대와 기타 부대들을 보내야 합니다. 이건 공격을 효과적으로 지휘하기 위해서, 그리고 우리가 적군에게 가한 피해를 확인하기 위해서 필수 불가결합니다"라고 미국 하원의 다수당 총무인 케빈 매카시Kevin McCarthy가 말했다.

"피해를 확인하기 위해서 ……." 이 문장은 마치 자신의 무능력을 스스로 고백하는 말처럼 들린다. 귀도 멀고 눈도 먼 미국은 최첨단 무기와 천문학적인 숫자의 예산을 손에 쥐고도 적군의 상황에 대한 정확한 정보를 얻을 수 없는 상태에 처해 있는 것이다.

미국학 연구소United States Studies Centre의 톰 스위처Tom Switzer 연구원도 "비록 미국 대통령이 지상군 투입에 반대하고는 있지만 공습 작전이 효과를 보려면 적어도 1만 명 정도의 지상군이 현지에 필요합니다"라고 지상군 투입의 필연성에 대해 피력했다.

미국 합참의장인 마틴 뎀프시Martin Dempsey 장군도 "솔직히 말해 미국 보병이 필요하다면 대통령에게 의견을 건의하겠습니다"라며 인내심의 한계를 느끼는 듯한 발언하기도 했다.

린지 그레이엄Lindsey Graham 상원 의원이 보기에도 서구의 무력 개입은 너무 '지체되고 있고 너무 눈치를 보고 있는' 것이다. 그러므로 실패는 자명하다. 그는 "지상 작전 없이 IS를 이길 수는 없습니다. 지상군이 꼭 필요합니다. 시리아와 이라크에 지상군을 투입해야 하고 적어도 4000명 이상이 필요합니다. 자유시리아군에게 전투를 맡긴다는 전략 자체가 매우 어리석은 발상입니다. 우리가 IS를 상대로 싸우라고 지원하고 있는 이 전설적인 '아랍 군대'조차 미국의 도움을 절대적으로 필요로 하고 있어요. 또 이 작전은 시간도 많이 걸릴 거고요. 만약 우리가 자유시리아군을 전적으로 신뢰해서 그들이 마침내 1년 뒤에 모술에 도달한다 해도, 그사이에 IS는 더 강해질 테니까요"라고 말했다.

자유시리아군과 서구, 유해한 동맹

실제로 미국은 자유시리아군이 지상 전투를 책임지고 이끌어 나가리라고 믿는다. 2014년 9월 초에 버락 오바마 대통령은 자유시리아군에게 군사원조를 허가했다. 자유시리아군이 알바그다디와 투쟁할 수 있게 하기 위한 것이다. 이 결정은 공화당 존 매케인John McCain 의원이 적극 지지하고 백악관의 몇몇 보좌관들도 오랫동안 염원하던 일이었다. 겉으로 보기에는 앞으로 한 걸음 진전한 것처럼 보이지만, 실제로 이 결정은 그 지역을 더욱 혼란에 빠뜨릴 수도 있는 돌이킬 수 없는 실수였다.

오바마 대통령의 자유시리아군 원조 결정(프랑수아 올랑드 대통령이 오바마 대통령보다 먼저 결정을 내렸다)은 그가 그 지역 현실에 대해 전혀 감을 잡지 못하고 있다는 사실을 여실히 드러낸 사건이다. 자유시리아군은 단지 베르나르 앙리 레비Bernard Henry-Lévy(프랑스 저널리스트 - 옮긴이) 한 사람이나, 파리 라탱 지구Quartier Latin 의 모험심 많은 철학자들의 관심을 끌 수 있을 뿐이다. 실제로 자유시리아군은 제대로 훈련도 받지 못하고 실력도 형편없는 병사들로 이루어져 있으며, 중앙 명령체계가 전혀 없는 오합지졸들의 집합체일 뿐이다. 더군다나 시리아를 해방시키려는 소위 '해방자'의 역사는 부패와 폭력으로 얼룩져 있기 때문에 더 이상 언급할 가치도 없게 만든다.

살인, 약탈, 납치, 고문 등으로 비난받는 자유시리아군의 지도자인 칼리드 알탈라니Khalid al-Thalani나 하산 알자제라Hassan Aldjazera 같은 사람들 때문에 이 조직의 신용도는 완전히 땅에 떨어졌다. 한 예로 내가 이전 인터뷰에서 들었던 일화를 소개하겠다.[24] 알레포 시민들이 설명하기를, 자브하트 알누스라는 매일 시민들에게 나누어줄 빵을 굽기 위해 500만 리라를 소비한다고 한다. 자브하트 알누스라가 주민들의 양식 문제까지 신경 쓸 동안, IS는 전쟁을 치르고 있고 자유시리아군은 겨우 밀가루나 훔치고 있을 뿐이다! 현재 이 조직은 진정한 해방 단체라기보다 범죄 조직의 발판일 뿐이다.

자유시리아군은 서구에서 입수한 무기들을 값을 많이 치르기만 하면 누구에게든 팔아넘기고 있다. 물론 이들 중에는 IS도 포함된다. 코바니에 있는 IS 지하디스트들은 이미 서구의 밀란 미사일로 무장하고 있다.

자유시리아군 내부의 부패는 날로 심해지고 있으며 다른 시리아 급진 세력에게 접근이 가능하다는 점을 이용해 무기 밀매상들에게 무기를 닥치는 대로 팔아치우고 있다. 이 모든 사실은 서구 국가가 무기 공급에 더욱 신중을 기해야 한다는 사실을 일깨워준다. 즉, 시리아에 무기를 제공하는 것은 엄청난 실수가 아닐 수 없다. 특히 누구한테도 복종하지 않는 '동맹국' 자유시리아군에게 무기를 제공하는 것은 아주 큰 실수가 아닐 수 없다. 그들의 군대는 누구에게도 제약받지 않고 아주 독립적으로 활동하기 때문이다. 누가 제공된 무기에 대한 책임을 질 것인가? 누가 서구의 최첨단 무기가 또다시 적군의 수중에 들어가지 않으리라고 장담할 수 있는가? 현재 자유시리아군 내에는 이러한 문제에 책임질 사람이 아무도 없다. 미국은 웅오딘지엠Ngo Dinh Diem의 남베트남 군대만큼이나 썩은 조직과 부패한 사람들을 신뢰함으로써 또다시 실패의 길로 접어들고 있는 것이다. 단순히 자유시리아군을 지원하는 것으로는 어떤 문제도 해결할 수 없다. 이것은 오히려 이미 복잡하게 얽혀 있는 문제를 더 복잡하게 만들 뿐이다.

무엇을 위한 승리인가

일부 정치인들과 군사 관계자들이 지상군 투입에 대해 떠들어대기 시작했지만 실현 가능성은 별로 없어 보인다. 전쟁에서 이길 경우 그다음 어떻게 될지 질문을 던지는 사람도 거의 없다. IS 해체만이 한 가지 답일 수 있다. 그렇다면 누구에게 권력을 넘길 것인가? 아무도 의문조차 갖지 않는 이 난해한 질문은 이라크에서보다 시리아에서 더 예민하게 받아들여지고 있다. 현재 모든 상황이 너무 복잡하고 긴박하게 진행되고 있기 때문에, 국제동맹군의 승리는 문제를 해결하기보다 오히려 더 큰 문제를 야기할 가능성이 크다. 시리아에는 4개의 단체가 복잡한 갈등 관계에 놓여 있다. 이들은 IS, 자유시리아군, 이슬람 연합체(알카에다와 다른 살라피스트 단체), 그리고 바샤르 알아사드의 군대다. IS와 바샤르 알아사드 군대는 비교적 안정된 조직인 반면, 자유시리아군과 이슬람 연합체들은 내부 세력 싸움으로 인해 거의 분열된 상태다. 만약 전면전에 돌입할 경우 빠른 시간 안에 해체될 가능성이 있는 조직들이다.

국제동맹군이 시리아에 공격을 개시한 후, 알카에다는 IS와 함께 싸우고 있다. 만일 서구가 지상군을 투입한다면, 그들은 IS와 자브하트 알누스라의 지하디스트들과 마주하게 될 것이다. 서구는 자유시리아군의 몇몇 분대가 살라피스트 이데올로기로부터 영향을 받았다는 사실을 기억해야 한다. 국제동맹군의 지상 공격이 시작되면 이 단체들은 즉시 이슬람 연맹이나 IS에 합류할 것이다. 게다가 자유시리아군의 지도자들은 국제동맹군의 시리아 공격 가능성을 거의 염두에 두고 있지도 않다. 또한 서구의 공격이 시작될 경우 온건한 '친구'인 자유시리아군이 서구에게서 등을 돌릴 가능성도 배제할 수 없다. 이러한 사실을 배제하고 공격할 경우, 이라크 국경 지역에서 쏟아부은 서구의 모든 노력이 헛수고가 될 것이다.

전혀 해결될 기미가 없어 보이는 미궁 속에서 그 어떤 제안도 해결 가능성이 제시되지 못하고 있다. 공습으로 IS를 파괴하기란 불가능하다. 지상군 투입도 또 다른 문제를 야기할 것이다. 즉, 수니파 지역에서 지하디스트와 정면 대결하는 것은 결국 전혀 예측할 수 없는 손실을 초래할 수 있다.

마리아 이번 전쟁은 미국의 공격에 대항해 싸우지 않고 줄행랑쳤던 사담 후세인의 군사와 대결하는 것과 전혀 달라요. IS의 수많은 군사들은 피 한 방울 남지 않을 때까지 싸울 겁니다. 서구는 근래에 이런 잔인한 전쟁을 치른 적이 없지요.

우리가 만약 이슬람 칼리프 국가와 싸워 승리를 거둔다 해도 그것은 시대에 뒤떨어진 IS의 권력 체제를 끝이 보이지 않는 내란으로 대치한 것뿐이다. 수천 명의 국제동맹군이 전쟁으로 이라크와 시리아의 사막에서 목숨을 잃을 텐데, 과연 이렇게 보잘것없고 별 볼일 없는 결과를 위해 그들을 희생시켜야만 하는가?

칼리프 손에 놀아나는 서구

공습 작전이 한계에 부딪히자, 서구 국가들은 자칫하면 엄청난 사상자를 낼 수도 있는 '지상군 투입'을 압박받고 있다. 폭격이 실제로 얼마만큼 효과가 있을지 따질 수밖에 없는 상황에 이른 것이다. 알바그다디는 우리를 이 쓸모없고 거의 무의미해 보이는 전쟁의 함정에 빠뜨렸다. 이 전쟁은 전 세계 지하디스트들 사이에서 알바그다디가 자신의 권위를 인정받기 위해 시작한 전쟁일 뿐이다. 2014년 6월 칼리프 국가가 선포되고 그로부터 한 달이 지난 뒤, 칼리프의 위치를 공식적으로 인정한 건 다름 아닌 서구 국가들이었다. 서구가 칼리프를 향해 선포한 전쟁은 도리어 그의 중요성을 확인시켜주는 결과를 낳았다. 즉, 국제동맹군이 IS를 공격한 것은 알바그다디에게 위협이라기보다 오히려 그의 가치를 재확인시켜주는 꼴이 되었다.

서구는 결코 이길 수 없는 전투를 시작해서 알바그다디를 중심으로 전 세계 급진적 무슬림이 한데 집결되도록 만든 것이다. 알바그다디는 이 전쟁을 '십자군 전쟁'에 비유하며 유리한 위치에 올라서게 되었다.

마리아 당신들은 알바그다디가 바라던 전쟁을 그에게 안겨준 거예요. 이 전쟁은 알바그다디를 지하드의 핵심 인물로 만들어버렸어요. 당신들이 투하하는 폭탄은 알바그다디에게 그 무엇과도 비할 수 없는 권위를 제공해준 반면, 정작 그의 조직을 파괴하기에는 역부족이에요. 그는 새로운 빈라덴이 된 겁니다. 아니, 그 이상이지요. 이게 다 당신들 덕분입니다.

그럼 과연 어떻게 대처했어야 했을까? IS가 공습으로 파괴되지 않을 것이라는 사실이 확실해지자, 상황을 예리하게 보지 못하는 '정치학자'들과 전문가들은 이 질문에 답하고자 애를 쓰고 있다. 나는 그 질문에 대한 대답을 삼가겠다. 내 임무는 독자들에게 IS의 내부와 실체에 대한 사실과 정보를 전달해주는 것이고, 그 임무를 충실히 완수한 것 같다.

실제로 IS 지역의 핵심 인물들과 인터뷰를 하면서 IS에 대해 더 잘 이해하게 되었다. 결론적으로 말하자면, 현재 어떠한 해결 방법도 없다. 내 생각에 서구는 충분히 고려하지 않고 섣불리 전쟁을 시작한 듯하다. 물고기가 미끼를 보고 아무 생각 없이 반사적으로 반응하는 것처럼, 알바그다디와 여타 단체들은 우리에게 미끼를 던진 것이다. 서구가 미끼에 걸려든 것일까? 숙련된 낚시꾼은 공격을 유인하기 위해 미끼를 어떻게 사용해야 할지 정확하게 알고 있다. 그렇기 때문에 나는 알바그다디가 일부러 그의 낚시 바늘에 걸려들게 했다고 생각한다. 알바그다디는 분명 전쟁이 목적이었고, 전쟁으로 온통 진흙탕이 되자 전 세계를 통해 그의 이미지와 권위가 더욱 강화되었다. 게다가 이 전쟁은 IS의 훌륭한 프로파간다 도구이며 신병 모집에 활발히 이용되고 있다. 이 '새로운 십자군'은 IS의 깃발 아래, 계속해서 새로운 무슬림들을 규합하고 있다. 그리고 우리는 옳건 그르건 간에 그의 놀이판에 스스로 뛰어든 것이다.

11 장

IS 바이러스

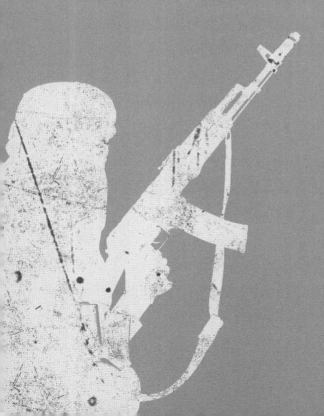

사뮈엘 로랑은 『이슬람 국가 L'État islamique』의 한국어판과 일본어판을 위해 IS가 아시아에 어떠한 영향을 미치고 있는지를 조사했다. 그리고 이를 바탕으로 아시아 독자를 위해 11장을 재구성했다. 특히 그는 IS의 인질로 잡혔다가 참수형을 당한 일본인 고토 겐지後藤健二와 유카와 하루나湯川遙菜 사건에 주목해, 동남아시아뿐 아니라 동아시아도 IS와의 분쟁에서 자유롭지 못하다는 사실을 강조했다. 이 장의 일본어판은 일본인 두 명이 참수당한 직후에 기록되었으며, 저자는 일본과 마찬가지로 한국도 언제든 IS의 타깃이 될 수 있음을 경고하는 의미에서 일본어판을 번역해 한국어판에 실어줄 것을 요청했다. 18세에 불과한 김 모 군이 자진해서 IS에 합류한 사건뿐 아니라, 두 명의 일본인 참수도 IS에 대한 한국인들의 공포와 관심을 증폭시킨 중요한 사건이기에 이 장이 한국 독자들에게 전하는 메시지는 매우 클 것이다. ― 옮긴이

IS의 외국 지하디스트, 그들은 어떤 사람들인가

IS는 전 세계에 강한 유혹의 손길을 뻗치고 있다. 우리는 IS의 유혹에 빠지는 사람들의 국적과 연령대가 다양하다는 사실에 주목해야 한다. 이미 오래전부터 급진적 성향을 지니고 있던 지하디스트의 핵심 분자들만이 IS의 유혹에 빠져드는 것이 아니다. 즉, 오랫동안 아프리카 전역과 북아프리카 지역의 식민지를 지배해온 유럽 국가들에 거주하면서 사회에서 소외되었던 지하디스트들만 IS 동조자가 되는 것이 아니다. IS의 유혹에 빠진 '추종자'들은 남녀노소 모든 계층을 망라한다. 심지어 모든 대륙에서 동조자들이 몰려들고 있다!

2014년 9월 21일, 일본의 이스라엘 영사관에서 근무했던 한 대사는 일본 공군 장군 출신인 다모가미 도시오田母神俊雄에게 일본인 지하디스트들이 IS에서 활동하고 있다는 사실을 전해주었다. 이스라엘의 텔아비브Tel Aviv 외교부 국장인 니심 벤 시트리트Nissim Ben Shitrit는 IS 점령 지역에서 아홉 명의 일본인들이 활동하고 있다는 사실을 이스라엘의 정보기관인 모사드Mossad가 확인했다고 발표했다. 한 달 후에 발표된 이라크 정부 기관 자료[25]에 따르면 이라크의 살라딘 주와 디얄라 주에만 약 40명의 일본인 지하디스트가 있고 모두 IS에 소속되어 싸우고 있다. 이는 디얄라 주에서 체포된 일본인 지하디스트들에 의해 입증된 사실이다. 이라크 정부 기관이 발표한 데이터가 좀 과장된 것이 아닌가 의심이 들기도 하지만, 일본인 지하디스트들이 체포되면서 일본 시민들이 IS 점령 지역에서 활동하고 있다는 사실이 확인된 것이다.

2015년 3월, 이라크 바드르Badr 연대의 한 지휘관은 내게 이런 사실을 폭로했다. 사실 "바그다드에서 일어나는 대부분의 자살 테러 주동자들은 외국인입니다. 그들의 국적이 무엇인지 정확하게 알 수는 없어요. 자살 테러범들은 보통 폭발물을 장치한 조끼를 입고 있어서 폭발 후에 형체를 알아볼 때는 그나마 머리밖에 알아볼 수가 없기 때문이죠. 그런데도 우리는 자살 테러범들이 유럽인이거나 아시아인인 경우를 상당히 많이 보았습니다."

우리는 한 예로 저명한 이슬람학자인 셰이크 하산 코나카타Sheikh Hasan Konakata의 경우를 들 수 있다. 코나카타는 1979년에 이슬람교로 개종했으며 이라크 IS에 가담하기 전까지 일본 이슬람 위원회의 회원으로 활동했던 사람이다. 하지만 아시아인들이 IS에 합류하는 경우는 아직까지 드물다고 말할 수 있다. 반대로 유럽에서는 이슬람 급진파에 합류하려는 사람들의 숫자가 이해할 수 없을 정도로 증가하고 있다. 다양한 배경을 가진 사람들이 IS에 합류하고 있으며, 이러한 현상은 유럽 사회 모든 계층을 망라한다.

점점 더 많은 젊은 유럽 여성들이 IS에 합류하기 위해 떠나고 있다. 이 여성들의 행동이야말로 보통의 이성으로는 이해 불가능한 '미친 짓'이다. 왜냐하면 이 젊은 여성들은 IS의 선전꾼들에 의해 정교하게 조직된 거대한 '이슬람 매춘' 조직에 상품으로 이용될 것이기 때문이다. 어떤 여성들은 무료 메신저인 스카이프Skype에서 IS 전투원과 만나 결혼하기도 했는데, 이 여성들은 사실 IS 전투원만큼이나 피에 굶주려 있는 사람들이다. 스코틀랜드에 있는 글래스고 대학University of Glasgow에 다니던 22세의 어느 영국 여학생은 지하디스트와 결혼하기 위해 시리아에 잠입했다. 그 후 그녀는 트위터를 통해 영국을 향한 테러리즘을 계속해서 알리고 있다. 또한 영국 언론이 '쌍둥이 테러단'이라고 부르는 16세의 어느 쌍둥이 자매는 IS의 전투원들과 결혼해 라카에 거주하고 있다. 그들은 트위터를 통해 자신들의 예명이 "이교도들을 공포에 떨게 하기 때문에 아주 마음에 든다"고 떠들고 있다. 또 그들은 다음과 같은 발언을 서슴지 않고 SNS를 통해 유포하고 있다. "우리는 의사가 되고 싶었지만 지금은 살인자가 되기 위한 교육을 받는 중이에요."

성인들만 IS 지하드에 유혹되는 것이 아니다. 아부 마리아는 내게 시리아에서 아부 무스타파 알프란카위Abu Mustapha al-Francawi라고 불리는 한 늙은 남자의 사진을 보여주었다. 사진 속의 그 남자는 다갈색의 긴 수염을 가지고 있었고 체격이 큰 두 시리아 남자 사이에 끼어서 다소 왜소해 보였다. 아부 마리아는 적(IS)에게 투항한 옛 동료의 사진을 전혀 거리낌 없이 보여주면서 그 남자의 인생 역정에 대해 짧게 이야기해주었다. 그는 프랑스인으로 무신론자 집안에서 태어났다. 처음에는 불교도가 되어 장기간에 걸쳐 아시아에 몇 번 체류했었고, 그 후 정교회 신자가 되어 수도원에 몇 달 동안 기거하기도 했다. 그런 다음 유대교에 귀의했다. 그리고 최근에는 가장 급진적인 형태에 속하는 이슬람에 귀의했다. 처음에는 자브하트 알누스라 밑에서 전투에 참가했지만 곧 알카에다가 너무 온건하다고 판단해 2014년 여름 IS에 합류했다.

IS에 합류한 유럽 전투원 중에는 깡패나 경범죄자들도 많다. 그들 중 일부는 취미로 축구나 테니스를 하듯 지하드에 뛰어들기도 한다. 결국 그들의 본래 자리인 동네 갱 조직으로 돌아가기 마련이지만! 덴마크에서 활동하는 모로코 출신의 마약 밀매 업자인 압데르라자크 베나라비 Abderrazak Benarabi는 만약 자신의 형이 암에서 완치된다면, 시리아를 구하러 가겠다고 약속했다. 그러나 그는 자신의 고결한 서약을 버리고 코펜하겐의 피 튀기는 갱들의 전쟁 속으로 돌아갔다. 반면 일부 범법자들은 밀레 이브라힘 Millet Ibrahim 부대에 투신해서 활동하는 랩 가수들과 갱 단원들처럼 시리아에 남아 전투에 계속 참여하고 있다.

여자, 남자, 젊은이, 50세가 넘은 나이 많은 사람들, 깡패들, 방랑자들, 그리고 모범적인 학생들까지 다양한 프로필을 가진 사람들이 IS에 자진해서 들어가고 있다. 이는 IS의 '팬'들이 예상외로 많다는 사실을 상기시켜준다. 또 이것은 프랑스 정부 지도자들이 절대로 인정하고 싶어 하지 않는 수준에까지 이르렀다고 말할 수 있다. IS가 유포하는 동영상이나 비디오에 관심을 보이는 많은 네티즌들도 IS의 잠재적인 동조자라고 해도 과언이 아니다. 또 호기심 많은 젊은이들만 이러한 IS 동영상에 관심을 보이는 것이 아니라 나이와 계층을 넘어선 상당히 다양한 사람들이 관심을 보이고 있다. 프랑스에 이미 우리가 상상하지 못할 정도로 수많은 IS 동조자들이 있다는 사실을 인정해야 한다.

이 문제에 관해 영국 여론조사 기관인 ICM 리서치는 상당히 주목할 만한 여론조사 결과를 발표했다. 이 여론조사는 프랑스에 관한 것이었고, 그 내용이 상당히 충격적인 것이었음에도 프랑스 언론은 이 여론조사에 대해 함구했다. 철저한 검열이 있었음에 틀림없다! 왜냐하면 이 여론조사 결과는 프랑스 정부 지도자들이 받아들이고 싶지 않은 프랑스의 현실을 적나라하게 폭로하고 있기 때문이다. 프랑스 정부 지도자들은 진실을 마주할 용기조차 없는 것이다.

ICM의 조사에 따르면 프랑스인의 17%가 IS에 대해 호의적이거나 매우 호의적으로 생각한다고 답했다. 독일의 경우 2%에 지나지 않았다. 이 숫자는 근래에 우리가 전해들은 그 어떤 정보보다도 충격적이며 프랑스 사회의 현실을 적나라하게 폭로한다고 볼 수 있다. 왜냐하면 이 숫자는 프랑스인 여섯 명 중 한 명꼴로 엄청나게 잔인하고 폭력적인 이 단체를 지지한다는 사실을 의미하기 때문이다. 이 폭력적인 단체가 프랑스를 공개적으로 위협하고 프랑스 시민을 참수하고 있는데도 말이다. 프랑스인의 17%가 IS에 호감을 가지고 있다니!

2014년 10월 14일, 시리아에서 프랑스인 지하디스트 한 명이 심문을 받았다. 그는 국제동맹군 공습에 복수하기 위해 프랑스의 무슬림들에게 "프랑스 시민을 무차별적으로 죽여달라"고 호소하면서 이렇게 덧붙였다. "영광스러운 모하메드 메라Mohamed Merah(2012년 3월 프랑스 남부 도시 몽토방Montauban과 툴루즈Toulouse에서 총격을 가해 프랑스 군인과 유대인 일곱 명을 사살하고 다섯 명에게 중상을 입힌 테러리스트 — 옮긴이)처럼!" 여섯 명 중 한 명의 비율로 수많은 프랑스인들이 IS에 호의적이라는 사실은 분명 경계 태세를 강화하게 할 만하다.

이 여론조사는 별 볼일 없는 조사가 아니라 공식적으로 인정받고 있는 기관에 의해 실시된 것이다. 그러므로 이 조사 결과는 의심의 여지가 없다고 볼 수 있다. 프랑스 여론이 이 조사 결과를 발표하지 않고 침묵하는 것은 정보 제공자의 의무를 저버린 프랑스 여론의 행태를 확인시켜주는 셈이다.

이슬람, 전 세계 정복의 꿈

프랑스 무슬림 공동체와 관련된 문제가 거론될 때마다 침묵하는 프랑스 언론과 정치 지도자들을 어떻게 설명할 것인가? 이러한 침묵은 비단 어제오늘 일이 아니다. 이러한 함구는 지도자들의 무지와 허영심, 그리고 대중의 인기에 매달리느라 전혀 앞을 내다보고 있지 않고 있다는 사실을 확인시켜줄 뿐이다.

먼저 일부 이슬람에 의해 야기될 수 있는 위험성에 대해 우리가 얼마나 무지한지 살펴보자. 알카에다가 수니파에 속하는지 시아파에 속하는지도 몰랐던 채로 내무 '문화부' 장관을 역임했던 니콜라 사르코지를 기억하는가! 또 프랑수아 올랑드 대통령은 어떠한가. 그는 자신이 잘 알지도 못하는 시리아 혁명을 칭송하면서 젊은 무슬림들에게 프랑스가 지원하는 해방전쟁에 참가하라고 격려하지 않았던가. 다른 예들도 많지만 특히 이 두 에피소드를 통해 프랑스 국민들은 국가 통치가 거의 아마추어 수준으로 떨어졌다는 것을 알 수 있을 것이다.

이슬람에 대한 지식이 전혀 없는 프랑스 지도자들은 프랑스가 얼마나 위험에 노출되어 있는지 전혀 인식하지 못하고 있다. 다른 국가들도 마찬가지다. 프랑스 내에서 활동하는 이슬람 급진파들을 무력화시키고 제재하는 대신, 프랑스 정부는 20년 전부터 그들이 우리 사회에 퍼지도록 내버려두고 있다. 이 때문에 매일 조금씩 IS에 동조하는 시민들이 늘고 있다.

어쩌다 이 지경에 이르게 되었을까? 프랑스 무슬림 공동체와 변두리 지역에서 문어발처럼 조직을 확장시켜나가고 있는 카타르와 사우디아라비아 '덕분'이기도 할 것이다. 이 조직들은 벌써 몇 년 전부터 활발히 활동하고 있으며 단 한 번도 법망에 걸려든 적이 없다.

게다가 사우디아라비아와 카타르의 와하비즘wahhabism(수니파의 분파로 코란을 문자 그대로 해석해야 한다고 주장하며 엄격한 율법주의를 강조하는 이슬람 근본주의이다. 사우디아라비아가 와하비즘의 총본산이다 ― 옮긴이)은 살라피즘과 상당히 유사하다. 한 가지 다른 점이 있다면 전자는 한 나라 안에서 왕의 권력을 인정하는 반면, 후자는 세계를 직접 통치하는 이슬람 칼리프의 도래를 위해 투쟁하고 있다는 사실이다. 그 외에도 샤리아 적용 문제나 민주주의, 인권, 비무슬림들의 지위에 관해서는 살라피즘과 와하비즘 둘 다 상당히 인종차별적이고 야만적인 교리를 선호한다. 서구의 프로 축구단이나 경마장, 그리고 에어버스 비행기들을 사들이는 걸프 지역의 석유 군주들은 실제로 IS와 비슷한 사고 방식을 가지고 있으며 그들의 권력에 대한 비전도 IS와 다르지 않다. 그들은 알바그다디처럼 군사적으로 정치 지배를 도모하지는 않지만, 그렇다고 그들이 가진 비전이 위험하지 않은 것은 아니다.

한 입으로 두말하는 데 능통하고 속임수에도 강한 걸프 지역 석유 군주들은 탈레반 지도자들보다 프랑수아 올랑드 대통령과 더 좋은 관계를 유지하고 있다. 카타르 국가원수는 지금 현재 IS에 맞서 싸우는 국제연합전선에 참여하고 있다. 그런데 2014년 9월, 미국은 200만 달러에 이르는 자금이 아랍에미리트의 한 지역에서 이라크에 있는 알바그다디 자살 테러를 책임지고 있는 부서로 직접 송금되었음을 확인했다.[26] 그러나 사우디아라비아의 압둘라Abdullah 국왕은 순진한 척하며 "이라크에서 지하디스트들이 '잘려진 머리들'을 흔들어대는 것을 보고 충격을 받았다"고 발언하기까지 했다.[27] 정작 사우디아라비아에서는 매주 금요일마다 거의 대부분의 마을에서 공개 참수형이 시행되고 있는데도 말이다.

이 혐오스러운 국가들은 벌써 몇 년 전부터 프랑스 이슬람 공동체를 재정적으로 지원하고 조직화시켜왔다. 그들은 수많은 회교 사원들과 구호단체를 통해 프랑스 내에 그들의 프로파간다를 퍼뜨리고 있다. 그들이 파리 증권거래소에 상장되어 있는 기업들에게 계속 석유로 번 달러를 공급하는 한 어떤 정치인도 IS 문제에 대한 공격을 삼갈 것이다.

와하비즘과 살라피즘은 실제로 구별이 불가능하고 그 차이도 이론적인 것이어서 프랑스 청년들은 두 사상의 원칙만 주입받고 있다. 그것은 '이교도들을 무조건 적으로 취급해야 하며 무슬림이 세계를 지배해야 한다'는 것이다. 이것이 바로 프랑스에 '수입된' 이슬람의 핵심 메시지이다. 이러한 교리가 유럽의 도시들을 장악하고 있고 수많은 젊은 이들을 알바그다디에게로 내몰고 있다.

그러나 이러한 상황에 대한 책임이 석유 왕국들에게만 있는 것은 아니다. 유럽의 주요 국가 지도자들은 사회 내의 이슬람 문제를 논의하는 것을 원칙적으로 거부하고 있다. 그들은 그들의 무력함과 우유부단함이 초래할 '혼란'을 두려워하고 있는 것이다. 앞을 전혀 내다보지 못하는 그들의 근시안적인 태도는 유럽 사회가 직면한 위험을 경시하는 결과를 초래하고 있다.

유럽의 지도자들은 무슬림들이 거리에서 기도하는 행위를 허용하고 있으며 '팔레스타인 지지' 시위자들이 지하드의 깃발을 휘날리는 것을 그대로 방치하고 있다. 이와 같은 '관용적' 태도는 유럽의 도시들이 무법 지역으로 변하는 것을 묵인하는 것이며, 살라피즘이 아무런 방해도 받지 않고 계속 퍼져 나가는 것을 방관하는 것이다. 총체적으로 볼 때 우리는 이슬람이 주변화되는 것(이슬람의 일부 급진적 성향이 퍼져 나가는 것을 방치하는 행위 - 옮긴이)을 부추기는 셈이다.

프랑스 지도자들은 자국 내에 살라피즘이 엄청난 속도로 퍼져 나가는 것은 방치하면서 오로지 지하드만 범죄행위로 치부하고 있다. 이는 병의 원인은 놔둔 채 그 증상만 치료하는 꼴이다. 메디 네무슈Mehdi

Nemmouche(벨기에 유대인 박물관 테러범 – 옮긴이)와 같은 정신 나간 살인자들과 비밀리에 활동하는 테러 조직들, 그리고 지하디스트들을 활성화시키는 것은 다름 아닌 급진적 이슬람이다. 프랑스 사회 내에 암처럼 번지고 있는 이러한 조직들을 무시한 채 시리아로 떠나는 지하디스트들에게만 매달리는 것은 머지않아 프랑스를 엄청난 혼란에 빠뜨릴 것이다.

프랑스 정부는 이슬람 급진주의자들이 테러리스트도 아니고 지하드 지원자들도 아니라는 이유로 방치하고 있다. 결과적으로 프랑스 정부는 이러한 이슬람 급진주의자들을 무슬림 공동체와 분리시키는 데 실패하고 있다. 즉, 프랑스는 급진주의자들에 의해 발생하는 문제들이 스스로 사라지기만을 기대하면서 현실을 부정하고 있는 것이다. 그러는 동안 이슬람 급진주의자들은 아무런 방해도 받지 않고 계속 프랑스 사회에 퍼져 나가고 있다.

IS, 이슬람 세계의 새로운 기둥인가

아랍의 봄 이후, 프랑스에서 번창하고 있는 이슬람 급진주의는 시리아와 이라크까지 퍼지고 있다. 사우디아라비아와 카타르에 있는 이슬람 교리 학교에서 공부하는 외국인들은 자연스럽게 알바그다디의 군대에 합류하고 있다. 알바그다디 조직은 서구로부터 특별히 급진적인 집단을 유인하고 있는 것이다.

우리는 IS와 알카에다가 분명하게 구별된다는 사실을 명심해야만 한다. 빈라덴과 알자와히리는 살라피즘 세계에서 명망이 높고 많은 사람들에게 잘 알려져 있는 사람들과 가까이 해야 한다는 사실을 잘 알고 있다. 그들을 살라피즘의 이데올로기적 도구로 이용하는 것은 피해야 하지만, 그들이 가진 지식은 분명 중요한 가치가 있기 때문이다. 그러나 불행히도 IS는 빈라덴이나 알자와히리의 생각에 절대로 동의하지는 않는 듯하다.

마리아 알바그다디는 칼리프로 지명되기 위해 시리아와 이라크의 몇 안 되는 현자들과 상의했을 뿐이에요. 그러니까 이슬람 세계의 새로운 기둥으로 추앙받는 알바그다디는 주변 지역의 변변치 않은 소위원회에 의해 선택된 인물에 불과해요. 어떤 합법적 절차도 거치지 않고 말이죠. 그들이 발표하는 메시지들을 자세히 들여다보세요. 사형 집행이나 전쟁 장면을 유포하는 것 외에, 그들이 심사숙고한 것으로 보이는 메시지는 전혀 없어요. 그들은 별 의미도 없는 전략들을 단지 몇 개 가지고 있을 뿐이에요. 그 전략들은 몇 년 안에 그들이 이루려는 황당한 상상에 불과해요. 논리도 전혀 없어요. 실제로 그들은 어떤 정치적 계획도 프로그램도, 그리고 그들의 행동을 설명하고 뒷받침할 만한 어떤 이론적 근거도 가지고 있지 않아요. IS는 전쟁 기계에 불과해요. 경제적으로 부유하고 조직적으로도 안정된 이 경찰국가는 분명 서구 세계에 커다란 피해를 입히겠죠. 어쨌든 IS가 전달하려는 '정신적인' 메시지는 그들이 유포하는 동영상 수준밖에 안 되는 거예요.

　IS와 달리 알카에다의 사상은 상당히 수준이 높은 편이다. 알카에다는 새로운 조직원을 모집하면서 후보자들의 근원과 신앙, 그리고 그들의 이성에 호소하고 있다. 그리고 더 나아가 어떤 면에서는 그들의 지성에까지 호소한다. 반면 오로지 살인과 대량 학살에 대한 자부심으로 가득찬 IS의 프로파간다는 그들이 뿌린 만큼 거두어들일 수밖에 없는 한계를 가지고 있는 것이다. 다시 말하자면 유럽이나 미국, 그리고 일본에서 IS의 유혹에 넘어가는 사람들은 사회 부적격자나 정신적으로 유약한 사람들, 아니면 정신병자들이나 폭력에 눈이 먼 사람들이다. 이러한 유혹에 넘어가는 사람들은 연령과 인종, 그리고 성을 초월한다. 이것이 바로 IS의 외국 전투원들의 실상이다. 별 볼일 없는 폭력적이기만 한 이 동조자들은 앞서 열거한 종류 중 하나 또는 둘에 속하는 사회 부적응자들일 뿐이다.

테러리즘

2014년 10월 3일, 프랑스 내무부 장관인 마뉘엘 발스Manuel Valls는 한 강연회에서 다음과 같은 발언을 했다. "프랑스 역사상 이러한 위협을 받은 적은 한 번도 없습니다. 이 위협은 외국으로 떠나는 우리의 동향인에 의해 가해지고 있으며 그들은 여차하면 본국에게도 타격을 입힐 만한 테러를 일으킬 수도 있습니다." 실제로 프랑스 정부는 지난 몇 달 동안 테러 행위와 관련된 사건을 다음과 같이 보고했다. 119건의 불심검문과 81건의 심문, 그리고 56건의 투옥이 있었다. 다시 말해 프랑스에도 테러 계획이 진행되고 있는 것이다.

2014년 한 해는 세계 각지에서 지금까지 볼 수 없었던 신종 테러들이 발생한 암흑의 해였다. 메디 네무슈의 테러를 시작으로 유럽 각지에서 동시다발적인 연쇄 폭력이 있었다. 메디 네무슈는 시리아 지역 IS에서 9개월 동안 전투에 참가했던 사람이다. 그렇다면 벨기에에서 과연 누가 그에게 무기를 제공했을까? 프랑스 정보기관이 메디 네무슈가 독일에 도착한 이후의 거처를 계속 추적할 동안, 누가 그에게 거주지와 활동비, 은신처를 제공한 것일까? 이 모든 질문에 대한 답을 아직까지 찾을 수 없다는 사실은, 곧 네무슈가 맴돌았던 벨기에 살라피스트 조직망이 조직적으로 활동하고 있다는 사실을 암시한다. 즉, 이슬람 급진파 조직이면서 시리아 지하드의 노장들로 구성되었던 샤리아4벨기에 Sharia4Belgium 조직의 잔재가 남아 있을 것이다. 그리고 이러한 조직들은 유럽 전체에 산재할 뿐 아니라 이미 체계적인 구조와 향후 테러 계획을 꾸미는 데 충분한 역량을 갖추고 있을 것이다.

2014년 9월 20일, 브뤼셀 정부는 유럽 위원회를 겨냥한 테러를 사전에 막아냈다고 발표했다. 몇몇 용의자들이 검거되었으며 비록 심문 과정에서 별다른 사실은 밝혀지진 않았지만, 이 사건은 벨기에 정보기관의 핵심 요원들이 특별히 맡아서 처리하고 있는 듯했다. 이 문제에 관해 벨기에 정보국 R3의 측근인 브뤼셀의 기자 한 명이 나에게 이렇게 전해주었다. "우리는 간신히 참사를 모면한 거예요." 물론 다음 테러가 일어나기 전까지만 말이다.

2014년 9월 23일, 미국 정부는 시리아를 기습적으로 공격해 모두를 깜짝 놀라게 했다. 그런데 사실 이 공격은 IS를 향한 것이 아니라 알카에다 연계 무장단체인 호라산Khorasan을 겨냥한 것이었다. 많은 사람들은 '호라산'이라는 명칭이 2012년부터 시리아에 정착한 알카에다 사령관으로 구성된 단체를 지칭하기 위해 미국 정부가 꾸며낸 이름이 아닌가 생각하기도 했다.[28] 이 무장 단체의 유일한 목표는 유럽과 미국을 겨냥한 자살 특공대를 조직하는 것이었다. 호라산 무장단체는 무흐신 알파들리Muhsin al-Fadhli가 지휘하고 있었으며, 알파들리는 빈라덴의 측근으로 9·11 테러가 일어나기 전부터 이 테러에 대해 알고 있던 몇 안 되는 알카에다 조직원 중 하나였다. 또한 알파들리는 호라산 단체의 예멘 지부와 특별히 돈독한 관계를 맺고 있었는데, 그중에서도 특히 이브라힘 알아시리Ibrahim al-Asiri 지휘관과 가까이 지냈다. 알아시리는 알카에다의 최고 뇌관 제거 전문가이다. 2014년 9월 23일, 미국 정부의 한 고위관은 CNN에 다음과 같이 털어놓았다. "호라산은 미국에 직접적인 위협을 가하는 단체입니다. 이 단체는 탐지가 불가능한 기폭장치와 치약으로 위장한 폭발물들을 사용하려고 계획했어요. 더 이상

자세한 내용을 알려줄 수는 없지만 이 단체의 계획이 분명 실현 가능성이 있었다는 것은 인정해야 합니다."[29]

2014년 9월 25일, FBI 국장인 제임스 코미James Comey는 국제동맹군의 공습에도 불구하고 호라산의 하부 조직이 서구에 이미 너무 많이 퍼져 있으며 이 조직들이 유럽과 미국에서 계속 활동하고 있는 듯하다고 발표했다. "국제동맹군의 공습이 호라산의 계획을 저지시킬 만큼 충분했는지는 확신할 수 없습니다."

IS 공포는 누구나 피부로 직접 느낄 수 있을 정도로 상당히 현실적이고 꾸준하게 전 세계를 향해 퍼져 나가고 있다. 테러리즘에 대해 더욱 강하게 경고하고 있는 프랑스 국무총리는 위와 같은 사실에 덧붙여 IS의 위협이 '조직적'이라는 점을 강조했다. 그는 수많은 사람들을 위협할 수 있는 IS의 테러에 대비해 여론을 각성시키려고 노력하는 것 같다. 롤랑 자카르Roland Jacquard(테러 전문 기자 – 옮긴이)는 "테러가 일어날지 안 일어날지가 중요한 것이 아니라 언제 테러가 일어날 것인가가 문제다"라고 발언한 바 있다.

한편 일본과 같은 비이슬람 국가에서는 다른 차원의 위협이 감지되고 있다. 무슬림의 인구가 0.1%도 안 되기 때문에(프랑스는 8~10%) 일본 내에는 이슬람으로의 개종을 촉진할 만한 '조직원'들이 절대적으로 부족하다. 그러나 인터넷을 통해 전파되는 위협을 절대 간과해서는 안 된다. 인터넷이야말로 IS 프로파간다의 제1의 무기이기 때문이다. 그리고 유럽 국가들과 마찬가지로 일본에서도 삶의 의미와 그에 대한 확실한 답을 얻기 원하며 복잡한 세상에 환멸을 느끼는 방황하는 젊은이들이 많다. 일본도 이러한 젊은이들을 노리는 IS의 프로파간다로부터 완전히 자유로울 수 없는 것이다.

지금 현재 일본어로 작성되는 IS 프로파간다는 거의 없다. 하지만 그렇다고 일본이 안전하다고 볼 수 있는가? 절대 아니다. 알제리의 남동부 도시인 인아메나스In-Amenas에서 인질극이 발생한 뒤부터 일본인 고토 겐지後藤健二와 유카와 하루나湯川遙菜가 참수형을 당하기까지 일본 정부는 이슬람 급진주의 세력의 확장 때문에 곤욕을 치르고 있다. 역대 정부들이 이 문제와 관련해 계속 조심하고 있었는데도 말이다.

IS에 의해 참수당한 두 일본인은 IS가 전 세계적으로 일으키고 있는 분쟁의 희생자다. "전 세계에 이슬람이 통치하리라"라고 공식적으로 떠들어대는 군대에 맞서 그 어떤 나라도 테러에서 자유로울 수 없다.

현재까지 IS가 일본에서 계획한 테러에 대해선 어떤 정보도 알려진 바 없고 이슬람교 개종자의 수도 크게 늘어나지 않고 있다. 그러나 일본은 경계 태세를 늦추지 않고 있으며 일본의 상황은 유럽이 직면한 상황과 전혀 다르다.

하지만 머지않아 칼리프 전사들이 아시아를 향해 조직망을 확장시킬 가능성이 있으며, 이를 통해 불안감이 조성될 가능성도 충분히 있다. 아시아 국가들 모두 IS가 급속도로 확산시키고 있는 위협에 노출되어 있는 것이다.

2014년 10월, IS의 한 패거리가 방글라데시 남동부 도시인 치타공

Chittagong에 도착했다. 그들은 방글라데시에 있는 세 이슬람 급진파인 JMBJamaat-ul-Mujahideen Bangladesh, 안사룰라 방글라 팀ABT: Ansarullah Bangla Team, 그리고 히즈부트 타흐리르Hizb-ut-Tahrir를 '힌두스탄 라이언 국제 세력International Lions Force of Hindustan'의 깃발 아래 연합하기 위해서 온 것이었다. IS는 이들 세력을 연합함으로써 2020년까지 인도, 방글라데시, 미얀마를 하나로 규합하려는 계획을 세우고 있다. 2015년 3월, 이 연합체의 조직원 하나가 체포되면서 치타공에 거대한 IS 조직망이 있다는 사실이 드러났다.[30] 이 조직은 웬만한 군사 조직을 방불케 할 정도로 그 치밀함과 규모 면에서 결코 무시 못할 수준이었다. 15명의 사령관과 150명의 에샤르Eshar(지휘관), 그리고 500명에 이르는 가이리 에샤르Gayri Eshar(부지휘관)와 수많은 전투원들이 이 조직에 소속되어 있었다. 이 조직은 신변 안전에 상당한 주의를 기울이기 때문에, 조직원들은 그들을 직접 지휘하는 지휘관들만 알고 있을 뿐이며 서로 전화로 연락을 주고받는 것도 금지되어 있었다. 이 조직은 이전에 내가 프랑스에서 알아낸 조직과 유사하다.[31]

2002년과 2009년 사이에 수차례 테러를 감행했던 인도네시아의 제마 이슬라미야Jemaah Islamiyah 테러 조직은 IS 덕분에 제2의 전성기를 맞이하고 있다. 그리고 IS는 이미 인도네시아인들로만 구성된 연대를 소유하고 있는 것으로 알려졌다. 인도네시아 연대인 카티바 누산타라 Katiba Nusantara는 하사카 근처에서 쿠르드족을 상대로 한 전투에 수차례 참여했다. 프랑스어권의 연대처럼 카티바 누산타라 연대는 대원들의 출신지와 모국어를 중심으로 조직되었다. 최근 IS의 알 아잠Al Azzam 방송에 유출된 비디오에는 어린 인도네시아 소년들이 아랍어를 배우고 무기를 다루는 방법을 배우는 장면들이 등장했다.

공식적으로 200명가량의 인도네시아인들과 30명가량의 말레이시아인들이 시리아와 이라크에서 IS와 함께 싸우고 있다. 유럽과 마찬가지로 아시아에서 IS 전투에 참가하기 위해 오는 지원자의 숫자는 계속 증가하고 있다. 그중 필리핀 사람들도 많은 비중을 차지하는데, 필리핀 이슬람 무장단체인 방사모로Bangsamoro는 IS에 200명의 지원자를 보냈다고 으스대기도 했다. 이 지원자들은 오로지 두 가지 목적을 가지고 IS를 향해 떠났다. '성공하느냐, 아니면 전사하느냐.' 200명이라는 숫자가 진짜인지는 확인할 수 없지만 IS가 점령하고 있는 하사카와 라카, 그리고 모술 등 여러 지역에서 필리핀 지하디스트들이 활동하고 있다는 사실이 이미 확인되었다. 방사모로의 지휘관인 사미르 삼수딘Samir Samsudin에 의하면 IS에 합류하는 필리핀 지하디스트들은 필리핀의 마긴다나오Maguindanao 주에서부터 말레이시아를 거쳐 가짜 여권으로 터키까지 이동한다고 한다.

동남아 지역에 불안감이 조성되고 있다는 사실을 묵과해서는 안 된다. 그리고 아시아 대륙의 북쪽 지역에서도 우려할 만한 사태가 발생하고 있다. 중국 정부와 신장 위구르 자치구 간의 갈등이 점점 첨예화되고 있다. 이는 중국 정부가 자치구 내의 이슬람 잔재 세력을 폭력적으로 억압하면서 더 심화되었다. 몇 년 전부터 이 지역의 테러가 증가하고 있으며 글로벌 메일Global Mail(중국 공산당은 이 숫자를 최소한으로 축소시키려고 애를 쓰고 있다)에 의하면 자치 구역의 거류민 300명 이상이 이미 IS에 합류하기 위해 떠났다고 한다. 그들 중 대다수가 위구르인들이다. 신장 위구르 지역 공산당 서기장인 장춘셴張春賢은 "위구르인들 중 일부는 시리아와 이라크에서 IS에 합류했다가 테러 작전을 준비하기 위해 다시 중국으로 돌아오고 있다"고 말했다. 유럽이나 중동 지역의 경우처럼 중국에서도 유사한 상황이 발생하고 있는 것이다.

아프가니스탄과 파키스탄, 인도 남부, 그리고 중국 북부 지역에 이르기까지, 아시아에서도 IS와의 투쟁이 현실화되는 듯하다. 아시아 지역에서 새롭게 형성되고 있는 이슬람 단체에 의해 동아시아가 직접적인 영향을 받고 있지는 않지만, 머지않아 분명 심한 타격을 입게 될 수도 있다. 동아시아가 IS의 타격에서 제외되리라는 보장은 없다.

IS에 합류한 외국인들을 어떻게 할 것인가

2014년 10월, 유럽연합의 반테러 조정관 질 드 케르코브Gilles de Kerkove는 IS에 합류했던 전투원들이 사회에 다시 복귀할 수 있도록 유럽 국가들이 노력해야 한다고 피력했다. 비록 "그 전투원들의 사상을 바꾸기는 어려울지라도 ……".

바로 이것이 오늘날 우리가 직면한 역설이다. 우리는 그들을 '복귀'

시킬 수는 있을 것이다(만약 그들이 원할 경우에). 그들이 돌아온다면 일단 전투복 대신 청바지를 입을 것이고, 이라크의 병영을 떠나 편안한 주거 환경에 다시 적응하게 될 것이다. 지하드 대신 일자리도 구할 것이다. 그러나 그들이 가진 생각을 바꾸는 것은 불가능하다. 이 전투원들은 본국에 대한 뿌리 깊은 적개심에 휩싸여 있는 사람들이고, 그들이 경험한 폭력과 전투는 그들을 이미 위험한 인물로 변화시켰다. IS와 함께 적군의 머리를 자르기 위해 떠났던 이 남자들(때로는 여자들까지!)은 단순한 살인자들이 아니다. 그들은 국가의 적이며 프랑스에 대항해서 싸우는 야만인들을 선택해서 떠난 사람들이다. 그들은 우리가 소중히 생각하는 관용, 삶에 대한 존중, 인권, 특히 여성의 인권과 민주주의를 거부한 사람들이다. 즉, 이 전투원들은 이 모든 가치 있는 것들을 파괴하기 위해 그들의 인생을 포기하겠다고 선언한 사람들이다. 또 그들은 "영광스러운 모하메드 메라처럼"이라고 자랑스럽게 말하고 다닌다.[32]

서방 세계와 IS의 갈등에 이슬람 자체나 십자군 같은 것은 더 이상 문제되지 않는다. 우리는 민주주의를 지키기 위해 시장에서 노예들을 사들이고 '삶보다 죽음을 더 사랑하는' 잔인무도한 이 살인자들과 끝까지 싸워야 한다. 이 잔인무도한 살인자 집단은 충분히 전 세계적으로 영향을 미칠 만한 능력을 가지고 있다. 만약 중동 지역이 시리아와 이라크 국경을 넘어서 이 갈등의 소용돌이에 빠지게 된다면 서방 국가의 경제체제와 사회체제도 이러한 소용돌이에 휩싸이게 될 것이다. 이것은 그 누구도 예측할 수 없는 혼란의 시작일 뿐이다.

새로운 괴물의 탄생, 갈등의 뿌리와 역사에 대해

최근 하루도 빠짐없이 보도되고 있는 '이슬람국가(IS)'의 무자비한 테러행위와 이에 동참하기 위해 길을 나서는 무모한 젊은이들의 문제는 지구 전역으로 퍼지고 있는 이 조직의 위협을 실감하게 한다. 한국에서도 IS에 가담한 것으로 추정되는 10대 남성이 터키에서 실종되는 사건이 발생했으며, IS 추종 세력으로 추정되는 무장단체로부터 리비아 트리폴리 주재 한국대사관이 공격을 받기도 했다. 한국은 인도네시아, 파키스탄, 방글라데시에 비해 무슬림 인구가 현저히 미비한 편이지만(2011년 13만 7000명 집계, ≪한겨레신문≫, 2011.5.17) IS의 영향을 전혀 받지 않는 무풍지대는 결코 아니다. IS의 조직원들이 인류의 유산인 고대 유물을 파괴하고 인질들을 참수하는 동영상을 보면서 이 무장단체의 탄생 배경과 중동 지역에 얽힌 갈등에 대해 의문을 갖지 않을 수 없었다. 새뮤얼 헌팅턴Samuel P. Huntington이 1996년에 『문명의 충돌The Clash of Civilizations』을 통해 말한 것처럼 과연 후기 냉전 시대의 갈등은 민족이 아닌 문화와 종교의 갈등일까?

'이슬람국가'의 탄생 배경과 이 조직이 일으키고 있는 분쟁의 핵심을 이해하기 위해서는 이슬람의 역사를 먼저 살펴보아야 한다. 모든 것은 이슬람교의 창시자인 예언자 무함마드의 갑작스러운 죽음에서 시작되었다. 서기 632년 무함마드가 후계자에 대한 언급 없이 병사하자, 계승자 선정 문제를 놓고 이슬람 공동체는 두 진영으로 분열되었다. 대다수 신자들은 무함마드 부족 중에서 지도자로서 능력을 갖춘 사람이 칼리프가 되어야 한다고 주장했다. 이러한 입장은 후에 '수니파Sunni'로 일컬어지는 종파에 의해 대변되었는데, 수니파는 '전통(순나Sunnah: 무함마드의 언행과 관행)을 따르는 자'라는 뜻을 가진다. 반면 수니파의 입장에 반대한 소수의 무슬림들은 무함마드의 혈족 중에서 후계자가 나와야 한다고 주장했다. 그들은 무함마드의 사위이자 사촌인 알리Ali ibn Abi Talib만이 후계자가 될 수 있다고 믿었으며, 자신들의 무리를 '시아파Shiah'(알리를 따르는 자)라고 일컬었다. 시아파는 오늘날에도 무함마드가 후계자 선정 문제를 코란에 정확하게 명시했으며 수니파가 그 부분을 고의로 삭제했다고 주장하면서, 수니파가 코란을 위조했다고 비난한다.

창시자 무함마드 사망 후, 역대 후계자는 3대에 걸쳐 다수파에 속하는 수니파의 주장대로 선출되었다. 656년에는 시아파가 무함마드의 후계자로 여겼던 알리가 칼리프로 선출되었으나 자리에 오른 지 5년 만에 반대 세력에 의해 살해당했다. 그 후 무함마드의 마지막 혈통인 알리의 아들 후세인 이븐 알리Hussein ibn Ali가 680년 카르발라Karbala 전투에서 전사하자 이슬람은 수니파와 시아파, 두 종파로 완전히 분열되어 오늘날까지 이르게 되었다. 그리고 이 두 종파의 분열과 갈등을 이용한 중동 내부의 패권 다툼과 석유를 둘러싼 서구의 일방적 개입 등이 바로 IS 문제의 본질을 이루고 있는 것이다.

현재 전 세계 무슬림의 80~90%가 수니파에 속하며, 각각 수니파와 시아파의 종주국으로 자처하는 사우디아라비아와 이란이 갈등의 중심 축이 되어 패권 다툼을 벌이고 있다. 정통 근본주의적 교리를 따르는 사우디아라비아와 그에 인접한 걸프 아랍 국가들(바레인, 쿠웨이트, 오 만, 카타르, 아랍에미리트)이 대표적인 수니파 국가이며, 이들은 급진적 수니파 무장단체나 테러 단체들을 후원하고 있다. 1928년에 창설된 이 집트 무슬림 형제단, 팔레스타인의 하마스, 그리고 알카에다와 IS가 이 급진적 수니파 조직에 속한다. 반면 국민의 95%가 시아파에 속하는 이 란은 1979년 호메이니Ayatollah Ruhollah khomeini가 이슬람 혁명을 성공 시키면서 시아파 신조를 근본으로 한 신정정치를 이룬 국가이다. 시아 파 대변자를 자처한 이란은 레바논에서 활동하고 있는 무장단체 헤즈 볼라를 지지하고 있다. 시리아와 이라크에서 첨예화되고 있는 중동 지 역의 갈등은 수니파와 시아파의 분쟁, 구체적으로 사우디아라비아와 이란의 세력 싸움에서 시작되었다고 해도 과언이 아니다.

그중 IS의 탄생 무대이기도 한 이라크는 수니파와 시아파의 내부 갈 등이 가장 첨예화된 지역이다. 이라크 국민의 70%를 차지하는 시아파 는 수니파인 사담 후세인 독재 정권하에서 계속 억압당하다가 2003년 미국의 침공으로 사담 후세인 정권이 무너지자 권력을 장악하게 되었 다. 하지만 2011년에 미군이 철수하자, 시아파 국무총리인 누리 알말리키 정권하에 정부와 수니파 정당 간의 권력 다툼이 치열하게 일어났다. 결국 이라크는 권력 공백 상태에 처하게 되었고, 이러한 기회를 틈타 수니파 무장단체인 '이라크·이슬람국가(ISI)'가 2006년부터 이라크 지역을 점령해 나가며 득세하게 되었다.

시리아의 상황은 이라크보다 훨씬 더 복잡하다. 시리아 국민의 80% 이상이 수니파이지만, 1963년 쿠데타로 정권을 잡은 알라위트파가 수니파를 억압하면서 계속 권력을 장악한 상태다. 알라위트파는 시아파에 속한 종파로서 오늘날 시리아 외에도 레바논, 터키 등에 존재한다. 알라위트파에 속하는 알아사드 정권은 집권 초기부터 정교분리를 주장하며 이슬람 급진주의자들을 억압해왔다. 이는 결국 1976년에 엄청난 사상자를 동반한 내전을 초래했다. 내전은 진압되었지만 2011년 아랍의 봄과 더불어 알아사드 정권의 퇴진을 요구하는 시위가 다시 시작되었다. 수니파에 속하는 일부 시리아 군대의 사령관들은 2011년 자유시리아군을 창설해 알아사드 정권에 대항해 싸우고 있다. 자유시리아군은 사우디아라비아와 카타르의 협조를 받고 있으며, 알아사드 정권은 레바논의 헤즈볼라와 이란의 직접적인 원조를 받고 있다. 2012년에 시리아 정권은 자국 영토에 대한 실제적인 통제력을 사실상 상실했으며, 그 후 여러 단체가 뒤섞여 내전을 벌이고 있는 상태다. 시리아 쿠르드 민주연합당, 이슬람 반군 내 최대 이슬람 연합인 이슬람전선, 그리고 알카에다가 설립한 것으로 추정되는 자브하트 알누스라 등이 이에 속한다. 2013년부터 이라크와 시리아에서 활동을 시작한 IS가 시리아

내전에 뛰어들면서 조직들 간의 전투는 더욱 치열해졌다.

이 지역의 분쟁은 그 누구도 해결책을 찾지 못한 채로 점점 블랙홀로 빠져들고 있으며, 더 중요한 사실은 이 문제가 비단 중동 지역에만 국한되지 않고 전 세계로 불똥이 튀고 있다는 것이다. 물론 분쟁의 원인이 이슬람에만 있는 것은 사실이다. 하지만 IS와 다른 무장단체들이 부르짖고 있는 근본주의 무장 투쟁인 지하디즘은 이슬람 종교 자체와 분명히 구별되어야 한다. 지하디즘은 이슬람의 일부분에 국한되는 호전적 형태에 불과하며, 근래에 들어 이슬람을 정치화시키는 도구로 이용되고 있다. 즉, 이슬람 무장단체들은 이슬람을 종교로서가 아니라 정치적 이데올로기로 악용하고 있는 것이다. 한 예로 오사마 빈라덴이 9·11 테러를 '무슬림과 이교도 사이의 종교전쟁', 즉 성스러운 전쟁으로 묘사한 것을 들 수 있다. 9·11 테러 이후 반복되고 있는 모든 테러 행위는 일종의 성스러운 전쟁으로서 '이슬람 혁명'(전 세계 이슬람화)을 위한 준비 작업으로 포장되고 있다.

IS는 다른 테러 단체들이 보여주었던 종교적 광신성과 전략적 치밀함뿐 아니라 잔인한 폭력성 때문에 더 주목받고 있다. 시아파와 알라위트파, 그리고 기독교인들을 향한 무자비한 학살과 인질 참수, 문화재 파괴 등의 행위는 인류 역사상 그 유례를 찾기 힘들 정도로 극악무도하다. IS는 이라크 제2의 도시인 모술을 장악함으로써 전 세계에 이슬람국가 형태인 칼리프 국가를 세우려는 야심에 박차를 가하기 시작했고, 테러와 폭력을 일삼았다. 그리고 마침내 라마단 금식 기간 첫날인

2014년 6월 29일 '이슬람국가'를 선포했다. IS의 지도자인 알바그다디는 스스로를 '칼리프 이브라힘Caliph Ibrahim'으로 부르며 예언자 무함마드의 정당한 후계자로 자처하고 있다.

이 책의 저자 사뮈엘 로랑Samuel Laurent은 지금까지 베일에 가려 있었던 IS의 가감 없는 내부 실체를 파헤치기 위해 IS 조직에 몸담았던 조직원들을 인터뷰했다. 그리고 우리에게 IS의 정체를 생생하게 전해주고 있다. 사뮈엘 로랑을 통해서 우리는 IS가 강도떼처럼 폭력을 휘두르는 몽상가 집단이 아니라 '국가의 형태를 이미 갖춘 세계 지배를 꿈꾸는 조직체'라는 사실을 알게 되었다.

은정 펠스너Eun-Jung Felsner

1 Thom Shanker, "Qaeda Leaders in Iraq Neutralized, US Says," *New York Times*, june 4, 2010.

2 "Long-Term Price Tag of the Iraq War," *Congressionnal Budget Office Report*, october, 2007.

3 아부 무함마드 알마크디시(Abu Muhammad al-Maqdisi)는 오사마 빈라덴의 동료 이자 이라크의 아부 무사브 알자르카위(Abu Musab al-Zarqawi)의 조언자이다. 그 는 2014년 여름 요르단의 감옥에서 석방된 뒤부터 IS를 날카롭게 비판하고 있다.

4 '이슬람의 현자들'을 의미한다.

5 http://edition.cnn.com/2014/09/18/world/meast/isis-syria-iraq-hierarchy/

6 Samuel Laurent, *Al-Qaïda en France* (Paris: Seuil, 2014).

7 본명은 파레스 레이프 알나이마(Fares Reif al-Naima)이다.

8 서구의 지원을 받는 온건파 저항군을 말한다.

9 "La France a bien livré des armes aux rebelles en Syrie," *Le Monde*, août 20, 2014.

10 https://www.youtube.com/watch?v=NSTU7fecDI8&feature=youtu.be

11 이 이름은 전쟁 중에 쓰는 가명이며, 그의 실제 이름은 아부 아흐메드 알아루아니 (Abu Ahmed al-Alouani)이다.

12 이름은 아부 오베이디 알마그리비(Abu Obeidi al-Maghribi)이다.

13 시리아의 알카에다 분대이다.

14 그의 실명은 무아파크 무스타파 모하메드 알카르무흐(Muafaq Mustapha Mohamed al-Qarmuch)이다.

15 "*IEA Monthly Report*," august, 2014 참조.

16 Michel Colomès, "Le sort tragique des femmes au pays du djihad," *Le Point,* octobre 7, 2014.

17 2014년 7월, 사이먼 밀너(Simon Milner)가 영국 상원 의회 연설에서 한 말이다.

18 대부분의 언론 매체들이 주장하는 바와 다르게 알바그다디는 바그다드가 아닌 팔루자에서 학교를 다녔다.

19 사원의 이름은 이맘 아흐마드 이븐 한발(Imam Ahmad Ibn Hanbal)이다.

20 "ISIS Appeal Presents Jordan with New Test", Al-Arabiya TV, august 31, 2014.

21 *Yemen Times.*

22 *Final Report*, Special Inspector General for Iraq Reconstruction(SIGIR), june, 2013.

23 미국 중앙 사령부(US Central Command)의 일간 보고서.

24 Samuel Laurent, *Al-Qaïda en France* (Paris: Seuil, 2014).

25 http://www.iraqinews.com/iraq-war/40-japanese-nationals-fight-isis-diyali-salahuddin/

26 "ISIS Emir of Suicide Bombers raised 2 million dollars for military operations from mystery Qatari donor, US said," *Daily Mail*, september 27, 2014.

27 "Amid ISIS violence, Saudi King warns of threat to US," *CBS News*, august 30, 2014.

28 에런 제일린(Aaron Zeilin)의 트위터 글. "얼마나 귀여운가. 펜타곤은 말 그대로 호라산이라는 새로운 단체를 만들어냈다."

29 2014년 9월 23일, 한 정보 제공자는 시리아의 호라산 조직이 폭발물이 장치된 의류와 치약으로 미국을 공격하려고 계획했다고 전했다.

30 http://www.sunday-guardian.com/news/bangla-terrorists-plan-islamic-state-in-india

31 Samuel Laurent, *Al-Qaïda en France* (Paris: Seuil, 2014).

32 "Un jihadiste francophone menace la France de 'tueries'," *Le Parisien*, octobre 14, 2014.

찾아보기

ㅈ

찾아보기

ㅍ

ㅎ

기타

지은이_ 사뮈엘 로랑 Samuel Laurent

테러와 분쟁의 핵심 지역인 아랍을 전문적으로 취재·연구하는 프랑스 저널리스트이다. IS가 전 세계의 주목을 받기 전부터 중동 곳곳의 이슬람 급진파들을 직접 찾아다니며 기밀한 내부 정보를 취재한 것으로 유명하다. 대부분의 시간을 이라크에서 보내고 있으며 알카에다, IS 조직원들과도 개인적으로 끊임없이 접촉하고 있다. 이 때문에 단순한 르포 전달이 아닌 간부 조직원들을 통해서만 알 수 있는 고급 정보를 캐낼 수 있었고, 그 취재 기록들을 바탕으로 『사헬리스탄』(2013)과 『프랑스의 알카에다』(2014) 등 두 권의 책을 발표한 바 있다.

옮긴이 _ 은정 펠스너 Eun-Jung Felsner

프랑스 소르본 대학에서 영화 공부를 하다 독일 남자를 만나 17년째 독일에 거주하고 있다. 한국어, 영어, 프랑스어, 독일어의 혼재 속에서 모국어가 다른 언어로 표현되는 것에 관심이 많았으며, 그러한 관심은 2013년 한국문학번역원 독일 부분 번역상 수상으로 결실을 맺었다. 현재 베를린 자유대학교 한국학과에서 종교와 통일 문제로 박사과정을 밟고 있으며, 번역가로도 활발히 활동하고 있다.

IS 리포트
지하드 심장부에서 밝혀낸 이슬람국가의 실체

지은이 | 사뮈엘 로랑
옮긴이 | 은정 펠스너
펴낸이 | 김종수
펴낸곳 | 도서출판 한울

편집책임 | 이수동
편집 | 허유진

초판 1쇄 인쇄 | 2015년 7월 6일
초판 1쇄 발행 | 2015년 7월 15일

주소 | 413-120 경기도 파주시 광인사길 153 한울시소빌딩 3층
전화 | 031-955-0655
팩스 | 031-955-0656
홈페이지 | www.hanulbooks.co.kr
등록번호 | 제406-2003-000051호

Printed in Korea.
ISBN 978-89-460-6016-6 03340 (양장)
        978-89-460-6017-3 03340 (반양장)

* 책값은 겉표지에 표시되어 있습니다.